丛书总主编
洪开荣

穿越既有线路地铁暗挖施工关键技术

曹保利 赵 胜 黄守刚 等 著

人民交通出版社股份有限公司
China Communications Press Co.,Ltd.

内 容 提 要

本书系统性地总结了新建暗挖地铁线路上跨或下穿既有地铁线路时的关键技术，包括绪论、既有线路风险评估与安全防护、既有线路变形控制、主体施工方案优化与比选方法、有夹持土下穿既有线路施工关键技术、无夹持土下穿既有线路施工关键技术、上跨既有线路施工关键技术、隧道施工辅助关键技术以及监控量测技术。

本书可供从事土木、交通、市政等工程类专业的科研与技术人员参考使用，也可供高等院校有关专业的教师和学生参考使用。

图书在版编目（CIP）数据

穿越既有线路地铁暗挖施工关键技术 / 曹保利等著. — 北京：人民交通出版社股份有限公司，2019.8
ISBN 978-7-114-15280-1

Ⅰ. ①穿… Ⅱ. ①曹… Ⅲ. ①地铁隧道—暗挖法 Ⅳ. ①U459.1

中国版本图书馆CIP数据核字（2019）第040923号

书　　　名：	穿越既有线路地铁暗挖施工关键技术
著 作 者：	曹保利　赵　胜　黄守刚　等
责任编辑：	李　梦
责任校对：	张　贺
责任印制：	张　凯
出版发行：	人民交通出版社股份有限公司
地　　址：	（100011）北京市朝阳区安定门外外馆斜街3号
网　　址：	http://www.ccpress.com.cn
销售电话：	（010）59757973
总 经 销：	人民交通出版社股份有限公司发行部
经　　销：	各地新华书店
印　　刷：	北京印匠彩色印刷有限公司
开　　本：	787×1092　1/16
印　　张：	11.75
字　　数：	252千
版　　次：	2019年8月　第1版
印　　次：	2019年8月　第1次印刷
书　　号：	ISBN 978-7-114-15280-1
定　　价：	70.00元

（有印刷、装订质量问题的图书由本公司负责调换）

丛书编写委员会

主 任 委 员

洪开荣

副主任委员

王小平　郭卫社

编　　委（按姓氏笔画排序）

于明华	方俊波	卢建伟	叶康慨	冯欢欢	吕建乐	刘龙卫
刘瑞庆	阮清林	孙振川	杜闯东	李丰果	李凤远	李红军
李志军	李治国	杨　卓	邹　翀	汪纲领	张　迅	张　辉
陈文義	陈振林	陈　馈	国　佳	郑大榕	赵　胜	莫智彪
高　攀	郭陕云	康宝生	董子龙	韩忠存	曾冰海	

本册编写委员会

主任委员

曹保利

副主任委员

于忠波　赵　胜　何占江　黄守刚

编　　委（按姓氏笔画排序）

于全胜	王　龙	王云朋	王少波	王逢松	毛占勇	毛宗虎
吕琛平	刘　石	刘亚辉	刘旭鹏	刘争刚	刘志涛	刘春梅
安三虔	李　锋	李　巍	李光峰	李治中	杨建中	杨陕南
杨钦峰	杨喜强	何占江	库红艳	汪　勇	宋红涛	张　彬
张　鹏	陈　文	邵风涛	苗　斐	范小光	周启久	孟灵波
赵　虎	秦　岭	敖　飞	夏曾银	柴富奇	郭　奔	郭　彬
唐　强	黄运生	黄浚洪	曹星洲	董立朋	蒋文虎	焦　伟
鄢和平	冀叶涛					

本册顾问

戴润军	陈中联	兰　涛	赵　勇	乐　晟	谷绍刚	邓立新
赵岗领	郭俊华	刁国君	常　翔	张　迅	高振岩	冉隆波

主编单位

中铁隧道局集团有限公司

中铁隧道局集团路桥工程有限公司

石家庄铁道大学

协编单位

北京希地环球建设工程顾问有限公司

北京市轨道交通建设管理有限公司

Key Construction Technology of Underground
Excavation for Subway Crossing Existing Lines

丛书序
Introductory

200万年前人类祖先已择洞而居，遮蔽风雨，抵御猛兽。中华文明文字记载的隧洞挖掘可追溯至公元前722年郑庄公与其母姜氏"阙地及泉，隧而相见"。人类经过不断探索研究和工程实践，如今随着技术的不断进步与可持续的文明发展，人们对采用隧道与地下工程解决人类生存与地面环境矛盾的认识越来越深刻，如解决地面交通问题、解决水资源分布不均的问题、解决地表土地资源稀缺的问题、解决能源安全储存的问题、解决城市地表环境的问题，等等。特别是进入21世纪以来，人类已广泛形成了"来自地表挑战的地下工程解决方案"的共识。同时，正是这些应对挑战的隧道与地下工程解决方案，使得隧道与地下工程建设本身又面临着新的技术挑战，如超深埋的山岭隧道、超浅埋的城市隧道、超长隧道、跨江越海隧道以及复杂地面与地下建（构）筑物环境下的隧道与地下工程等。另外，隧道及地下工程建设还要面临极其复杂的地质条件与恶劣环境的挑战，如高地温、高地应力、高水压、极硬岩、极软岩、地下有害气体、岩溶等。

新中国成立以后，随着铁路、公路、水利水电等基础设施的大规模建设，隧道与地下工程进入快速发展期。至20世纪末，我国累计建成铁路隧道6211座，隧道总长度达3514km，为解放前铁路隧道长度的22倍。进入21世纪以来，中国的铁路、公路、水利水电、城市地铁、综合管廊、城市地下空间、能源洞库等得到爆发式的发展，中国一跃成为隧道与地下工程发展最快的国家，隧道总量居全球首位。至2017年年底，中国运营隧道（洞）总长达39882km，在建隧道总长约17000km，规划的隧道长度约25000km。隧道与地下工程呈现出向多领域应用延伸，并具有明显地向复杂山区、城市人口密集敏感区发展的趋势。可以说，21世纪，隧道与地下工程将大有作为，但面临的挑战与压力也将是史无前例的。

中铁隧道局集团为原铁道部隧道工程局，是国内隧道与地下工程建设的主力军，年隧道建设能力达500km以上，累计建成隧道（洞）约7000km。中铁隧道局自1978年建局以来，承担了我国大量的重、难、险隧道与地下工程建设任务，承建了众多具有标志性、里程碑意义的隧道与地下工程，如首次采用新奥法原理修建的衡广复线大瑶山隧道

（14.295km）——开创了我国修建长度超过10km以上隧道的先河，创立浅埋暗挖法修建的北京地铁复兴门折返线——标志着我国地铁建设由"开膛破肚"进入暗挖法时代，首次采用沉管法修建的宁波甬江隧道——标志着我国水下隧道建设的跨越，创建复合盾构施工工法建设的广州地铁2号线越秀公园—广州火车站—三元里区间隧道——标志着我国地铁建设迈入盾构时代。从北京地铁，到广州地铁，再到全国其他43座城市的地铁建设，标志着我国地铁建设技术迈入了引领行列；从穿越秦岭的西康铁路秦岭隧道（19.8km），到兰武铁路乌鞘岭隧道（20.05km）、南疆二线中天山隧道（22.48km）、兰渝线西秦岭隧道（28.24km）、成兰线平安隧道（28.43km）等众多20km以上的隧道，再到兰新铁路关角隧道（32.6km）、大瑞铁路高黎贡山隧道（34.5km），以及引水工程的引松隧洞（69.8km）、引汉济渭隧洞（98.3km）、引鄂喀双隧洞（283km），展示着我国采用钻爆法、TBM法技术能力的综合跨越；从"万里长江第一隧"武汉长江隧道，到首座钻爆法海底隧道厦门翔安隧道、海域第一长隧广深港高铁的狮子洋隧道（10.8km）、首座内河水下立交隧道长沙营盘路湘江隧道、内河沉管隧道南昌红谷隧道，镌刻下我国水下隧道建设技术的成熟与超越；从平原，到高山，到水下，隧道无处不在，给人们带来了便利生活与环境的改善。同时伴随着这些代表性隧道工程的建设，我国隧道施工机械装备与技术方法，也实现了一个又一个台阶的跨越，每一个台阶无不留有隧道人为人类美好生活而挑战自然、驾驭自然的智慧与创造。

"隧贯山河，道通天下"是隧道人的追求与梦想，更是我们的情怀，也是我们对美好生活向往的真实写照！中铁隧道局集团的广大技术人员，本着促进隧道技术进步、共享隧道建设成果为目的，以承建的重、难、险隧道工程为依托，计划将隧道建设中遇到的难题、形成的技术、积累的经验以及对隧道工程的思考，以专题技术的方式记录和编写一部部出版物，形成"面向挑战的隧道及地下工程"系列丛书。希望本丛书对隧道及地下工程领域的发展与进步具有一定的参考与借鉴价值，同时期待耕耘于该领域的专家、学者和同行进行批评指正，也寄望能给未来的隧道人带来启迪，从而不断地推动隧道及地下工程技术的进步，更加自信地应对社会发展对隧道的需要与建设隧道中的挑战，更好地服务于人类！

在我们策划"面向挑战的隧道及地下工程"丛书的过程中，人民交通出版社股份有限公司给予了我们极大的帮助，共同讨论丛书的架构、篇目布局等，在此致以崇高的敬意！

本系列丛书在编写过程中得到了许多基层技术人员的支持与帮助，相关单位和专家也为丛书的出版做了大量的组织和支持工作，在此一并向他们致以诚挚的感谢！

2018年12月

前言

随着我国经济的飞速发展和城市化进程的加速，城市轨道交通建设速度也大大加快，截至2018年底，共有63个城市的城市轨道交通线网规划获批（含地方政府批复的19个城市），其中，城市轨道交通线网建设规划在实施的城市共计61个，在实施的建设规划线路总长7611km（不含已开通运营线路）。城市轨道交通的大规模建设必然带来各条线路（车站）的立体交叉问题，产生很多节点车站和区间隧道的穿越。城镇化战略是我国发展社会主义现代化的有效手段，有序地开发城市地下空间资源是建设集约型城市、实现可持续发展的必由之路，目前城市地下生命线工程立体结构日臻普遍，穿越工程越来越多。

与此同时，随着我国铁路的大规模建设，新建城市轨道交通线路有时需要上跨或下穿既有铁路，新建铁路有时需要上跨或下穿既有城市轨道交通线路，如何实现在不减速条件下安全地完成施工，同样是新建线路穿越既有线路的问题，其本质上与城市轨道交通线路穿越既有城市轨道交通线路是一致的。

在我国，绝大部分批复的轨道交通形式为地铁。要提高新建地铁线路（或车站）与既有地铁线路（或车站）立体交叉工程建设质量，确保既有地铁运营安全与新建地铁的安全施工，就要有先进、安全、成熟、可靠、经济、绿色的建造技术为其提供根本保障。为此，我们组织地铁建设一线工程技术人员撰写了本书。在撰写书稿过程中，我们还结合自己的工作实践加入了若干工程案例，以增加本书的实用性，力求使本书对同行有一定的借鉴意义。

全书共分为9章，撰写分工为：第1、2章由曹保利撰写；第3章由杨钦峰撰写；第4章由李光峰撰写；第5章由于全胜撰写；第6章由何占江撰写；第7章由刘石撰写；第8章由杨钦峰撰写；第9章由王少波撰写。全书由曹保利负责统稿。本书的撰写工作得到了中铁隧道局集团有限公司领导的大力支持和热情帮助，在此表示衷心感谢。

限于作者的水平和能力，书中错误和不妥之处在所难免，恳请广大读者批评指正。

作者

2019年7月

Key Construction Technology of Underground
Excavation for Subway Crossing Existing Lines

目录
Contents

第1章 绪论 ·· 001
    1.1 城市轨道交通建设概述 ·· 003
    1.2 线路立体交叉工程难点与基本施工方法 ························ 005
    1.3 浅埋暗挖穿越既有线路技术工作内容 ··························· 011

第2章 既有线路风险评估与安全防护 ······························· 019
    2.1 既有线路调查与风险评估方法 ···································· 021
    2.2 既有线路风险调查与评估实例 ···································· 040
    2.3 新建地铁下穿既有线路安全防护 ································· 045

第3章 既有线路变形控制 ·· 047
    3.1 既有地铁结构变形及其控制体系 ································· 049
    3.2 既有线路主要变形控制指标与控制标准 ······················· 050

第4章 主体施工方案优化与比选方法 ······························ 057
    4.1 施工方案比选指标的确定 ·· 059
    4.2 施工方案的比选方法 ·· 059
    4.3 柱洞法细部施工方法的计算比较 ································· 064

第5章 有夹持土下穿既有线路施工关键技术 ……… 079

    5.1 暗挖中洞法穿越既有线路施工关键技术 ……… 081
    5.2 洞桩法穿越既有线路施工关键技术 ……… 092
    5.3 盾构法穿越既有线路加固关键技术 ……… 096

第6章 无夹持土下穿既有线路施工关键技术 ……… 103

    6.1 无预留桩下穿既有线路施工关键技术 ……… 105
    6.2 有预留桩下穿既有线路施工关键技术 ……… 116

第7章 上跨既有线路施工关键技术 ……… 123

    7.1 概述 ……… 125
    7.2 施工工艺流程 ……… 126
    7.3 施工技术要点 ……… 128
    7.4 质量安全控制与环境保护 ……… 133
    7.5 工程实例 ……… 135

第8章 隧道施工辅助关键技术 ……… 137

    8.1 混凝土结构静力切割技术 ……… 139
    8.2 超前管棚关键技术 ……… 149

第9章 监控量测技术 ……… 161

    9.1 监测方案的制订 ……… 163
    9.2 既有结构安全监测与抢险 ……… 164
    9.3 施工监测 ……… 171
    9.4 监测信息反馈 ……… 172

参考文献 ……… 174

第 1 章

绪　论

Key Construction Technology of Underground
Excavation for Subway Crossing Existing Lines

Key Construction Technology of Underground
Excavation for Subway Crossing Existing Lines

1.1 城市轨道交通建设概述

1.1.1 城市轨道交通建设形势

随着我国经济的飞速发展和城市化进程的加速，城市轨道交通建设速度也大大加快。截至 2018 年底，我国共有 35 个城市开通城市轨道交通运营线路 185 条，运营线路总长度 5761.4km。截至 2018 年底，共有 63 个城市的城市轨道交通线网规划获批（含地方政府批复的 19 个城市），其中，城市轨道交通线网建设规划在实施的城市共计 61 个，在实施的建设规划线路总长 7611km（不含已开通运营线路）。同时，城市轨道交通建设正在向二、三线城市延伸，且大部分批复的城市轨道交通形式为地铁。

北京、上海、广州等城市的城市轨道交通网络已经比较发达且一直在建设之中，成都、沈阳、西安等城市虽然目前的城市轨道交通网络不是很发达，但是正在加速建设中。

北京城市轨道交通建设规划（2014—2020 年）的主要内容包括：

(1) 3 号线：37.4km，设站 27 座；8A 编组，80km/h。
(2) 7 号线二期：17.2km，设站 7 座；8B 编组，80km/h。
(3) 8 号线四期：3.3km，设站 2 座；6B 编组，80km/h。
(4) 12 号线：29.2km，设站 21 座；8A 编组，80km/h。
(5) 17 号线：49.7km，设站 21 座；8A 编组，100km/h。
(6) 19 号线一期：22.4km，设站 9 座；8A 编组，120km/h。
(7) 22 号线（平谷线）：71km，设站 11 座；8A 编组，120km/h 以上。
(8) 25 号线二期（房山线北延）：5km，设站 4 座；6B 编组，100km/h。
(9) 27 号线二期（昌平线南延）：16.6km，设站 8 座；6B 编组，100km/h。
(10) 八通线二期（南延）：4.2km，设站 1 座；6B 编组，80km/h。
(11) 首都机场线二期（西延）：2km，设站 1 座；4L 编组，110km/h。
(12) 中央商务区（CBD 线）：4.9km，设站 8 座；APM 系统 4 辆编组，70km/h。

到 2020 年，线网规划将由 30 条线路组成，总长 1177km；形成 27 条线路运营，长达 998.5km 的轨道交通网络。

根据上海城市轨道交通建设规划（2015—2020 年），到 2020 年底上海轨道交通总里程有望超过 800km，形成 500 余座车站的庞大轨道交通网络。2016 年起有 216km 线路全面开启建设，涉及 10 条地铁线路，分别为：5 号线南延伸、8 号线三期、9 号线三期东延伸、10 号线二期、13号线二期、13号线三期、14号线、15号线、17号线、18号线一期。

根据天津城市轨道交通建设规划(2015—2020年),2015—2020年期间将建设M3线二期(南延)、M7线一期、M8线一期、M10线一期、M11线一期、Z2线一期、Z4线一期和B1线一期等8个项目,总长约228.1km。到2020年,形成14条运营线路、总长513km的轨道交通网络。

根据成都城市轨道交通建设规划(2017—2022年),2017—2022年新建项目涉及15条线路,总长约283.30km,车站183座。

根据沈阳城市轨道交通建设规划(2016—2023年),本轮建设规划方案由3号线一期、6号线一期、7号线一期、8号线一期、11号线一期、1号线东延、2号线南延、4号线北延和4号线南部支线组成,总里程208.07km,至2023年形成"四纵三横一环一弦线"的城市轨道交通线网格局,线网总规模达到375.5km。其中3号线一期、6号线一期、7号线一期、8号线一期、11号线一期为本轮规划新增线路,1号线东延、2号线南延、4号线北延、4号线南部支线为已批复的M1、M2、M4线的延伸线。

城市轨道交通的大规模建设必然带来各条线路(车站)的立体交叉问题,产生很多节点车站和区间隧道的穿越。城镇化战略是我国发展社会主义现代化有效手段,有序地开发城市地下空间资源是建设集约型城市、实现可持续发展的必由之路,城市地下生命线工程立体结构日臻普遍,穿越施工越来越多。

与此同时,随着我国铁路的大建设,新建城市轨道交通线路有时需要上跨或下穿既有铁路,新建铁路有时也需要上跨或下穿既有城市轨道交通线路,如何实现在不减速条件下安全地完成施工,同样是新建线路穿越既有线路的问题,其本质上与城市轨道交通线路穿越既有城市轨道交通线路是一致的。

1.1.2 线路交叉基本形式

地铁线路(车站)立体交叉的基本形式分类如图1-1所示。总体来看,大体上分为新建线路(车站)上跨穿越既有线路(车站,图1-2)、新建线路(车站)下穿既有线路(车站,图1-3)、新建线路(车站)侧穿既有线路(车站,图1-4);其中根据新建线路(车站)与既有线路(车站)之间是否直接接触,又可将新建线路(车站)下穿既有线路(车站)分为有夹持土和无夹持土两种情况。

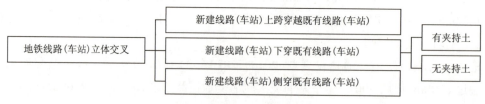

图1-1 地铁线路立体交叉的基本形式

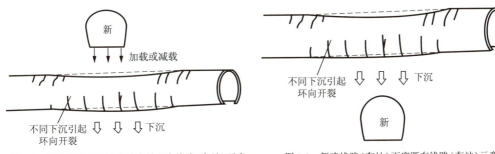

图 1-2 新建线路(车站)上跨穿越既有线路(车站)示意　　图 1-3 新建线路(车站)下穿既有线路(车站)示意

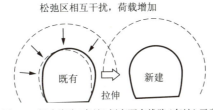

图 1-4 新建线路(车站)侧穿既有线路(车站)示意

 1.2 线路立体交叉工程难点与基本施工方法

1.2.1 立体交叉工程难点

绝大多数的地铁节点车站都是换乘车站,多处于热闹繁华的城市中心地带,而且很大一部分都设在城市道路交叉口,工程规模大,其工程地质、水文地质条件、邻近建(构)筑物、地下管线情况复杂,安全风险高,施工组织繁琐,工期紧,属于所在地铁线路的关键控制工程。

地铁隧道施工不可避免地要引起邻近既有线路的结构产生附加内力和变形,从而影响既有线路列车的正常、安全运营。因此,依据既有线路的保护要求,采取有效措施来减小变形,确保既有线路的安全运营就显得非常必要。另外,由于既有线路的重要性高,对附加变形要求严格,使得穿越工程难度大、风险高,尤其是浅埋暗挖大跨度车站下穿既有线路工程。

当在既有地铁隧道上方或下方进行新建地铁施工时,对既有隧道的顶部或底部卸载会引起其结构的隆起、下沉变形。运营地铁建(构)筑物对其结构的变形要求极其严格,如何控制既有隧道的隆起变形便成为急需解决的问题,施工中采用合理的施工方法对变形的控制至关重要。

1.2.2 立体交叉时的基本施工方法

城市轨道交通施工方法有明挖法、盖挖法、暗挖法三大类,暗挖法又可细分为浅埋暗挖法、盾构法等。其中浅埋暗挖法具有断面形式灵活、造价低、占地少、拆迁少、扰民少、对交通影响小、环境污染小等特点,在国内外的地铁及市政公用管线等工程中,得到了广泛的应用。我国经过多年的工程实践与试验研究,归纳总结出了"管超前、严注浆、短进尺、强支护、快封闭、勤量测"的浅埋暗挖技术18字方针,并带动了6项配套施工技术,即大管棚护顶强支护技术、小导管注浆超前预加固技术、短快开挖支护技术、梁板柱力系平衡技术、刚柔结合复合衬砌防水技术、监控量测指导施工技术。尽管浅埋暗挖法城市隧道及地下工程施工技术已较为成熟,但由于工程水文地质条件的不确定性和施工环境的复杂性,使得在浅埋暗挖法地下工程施工过程中,仍存在许多施工风险,也发生过许多事故,因此务必加以重视。

在城市轨道交通车站下穿或上跨既有线路的施工中,往往由于地层条件差、断面大、沉降控制严格等,一般设计成多跨结构,跨与跨之间有梁、柱连接,一般采用中洞法、侧洞法、柱洞法及洞桩法等施工,其核心思想是变大断面为中小断面,提高施工安全度。

1)中洞法

中洞法施工就是先开挖中间部分(中洞),在中洞内施作梁、柱结构,然后再开挖两侧部分(侧洞),并逐渐将侧洞顶部荷载通过中洞初期支护转移到梁、柱结构上。由于中洞的跨度较大,施工中一般采用CD法(中隔壁法)、CRD法(交叉中隔壁法)或双侧壁导坑法进行施工。中洞法施工工序复杂,但两侧洞对称施工,比较容易解决侧压力从中洞初期支护转移到梁柱上时的不平衡侧压力问题,施工引起的地面沉降较易控制。中洞法施工是初期支护自上而下,每一步封闭成环,环环相扣;二次衬砌自下而上施工,施工质量容易得到保证。

中洞法的主要特点在于先挖除隧道中间部分土体,施作中间部分的隧道衬砌结构,再开挖隧道两侧的土体,完成隧道二次衬砌结构。施工步序见图1-5(图中1~15为施工步序编号)。

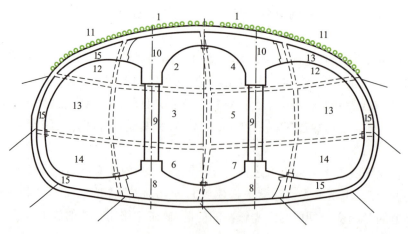

图1-5 中洞法施工步序图

具体施工步序如下：

第1步：打设中洞管幕。

第2步：开挖中洞第一分块，架立钢拱架，挂钢筋网，喷射混凝土，并施作临时仰拱。

第3步：开挖中洞第二分块并施作初期支护。

第4步：开挖中洞第三分块，施作初期支护。

第5步：开挖中洞第四分块并施作初期支护。

第6步：开挖中洞第五分块并施作初期支护。

第7步：开挖中洞第六分块并施作初期支护。

第8步：破除部分中撑，浇筑地梁并施作隧道仰拱。

第9步：破除部分初期支护，架立钢管柱。

第10步：浇筑天梁，分段破除中撑，实施扣拱。

第11步：打设侧洞管幕。

第12步：对称开挖侧洞上层土体，架立钢拱架，挂钢筋网并喷射混凝土，同时，施作临时仰拱。

第13步：对称开挖中洞中层土体，施作初期支护结构。

第14步：对称开挖侧洞底层土体并施作初期支护结构。

第15步：模筑侧洞衬砌。

2）侧洞法

侧洞法施工顺序与中洞法恰恰相反。侧洞法施工就是先开挖两侧部分（侧洞），在侧洞内施作梁、柱结构，然后再开挖中间部分（中洞），并逐渐将中洞顶部荷载通过初期支护转移到梁、柱上，这种施工方法在处理中洞顶部荷载转移时，相对于中洞法要困难一些。两侧洞施工时，中洞上方土体经受多次扰动，形成危及中洞的上小下大的梯形、三角形或楔形土体，该土体直接压在中洞上，中洞施工若不够谨慎就可能发生坍塌等。

侧洞法最主要的特点是将钢管柱与天梁、地梁划入侧洞结构中，与侧洞曲墙一起组成封闭的侧洞支撑结构，待侧洞衬砌施作完成后，再开挖中间剩余土体，完成中洞扣拱和仰拱结构。施工步序见图1-6（图中1~17为施工步序编号）。

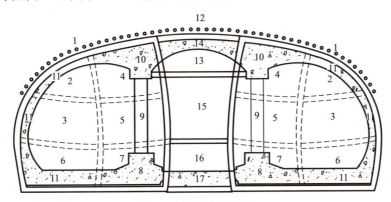

图1-6 侧洞法施工步序图

具体施工步序如下：

第1步：打设侧洞管幕。

第2步：对称开挖侧洞边部上层分块，架立钢拱架，挂钢筋网，喷射混凝土，并施作临时仰拱。

第3步：对称开挖侧洞边部中层分块，并施作初期支护。

第4步：对称开挖侧洞上层偏于中部分块，并施作初期支护。

第5步：对称开挖侧洞中层偏于中部分块，并施作初期支护。

第6步：对称开挖侧洞边部底层分块，并施作初期支护。

第7步：对称开挖侧洞底层偏于中部分块，并施作初期支护。

第8步：在侧洞底层偏于中部分块处浇筑地梁。

第9步：破除部分支撑，架立钢管柱。

第10步：浇筑天梁。

第11步：分段破除支撑，施作侧洞二次衬砌。

第12步：打设中洞管幕。

第13步：开挖中洞上层土体，施作初期支护结构。

第14步：分段破除临时支撑并扣拱。

第15步：开挖中洞中层土体，施作临时仰拱。

第16步：开挖中洞底层土体，施作仰拱初期支护。

第17步：分段破除临时支撑并浇筑仰拱。

3）柱洞法

柱洞法施工顺序大体上与中洞法相同，也是先中洞后侧洞，区别在于中洞施工时，首先开挖四个彼此互不连接的导洞，然后施作中洞永久支护结构。在中洞衬砌的支撑下，开挖侧洞并完成隧道衬砌。

柱洞法施工顺序大体上与中洞法相同，也是先中洞后侧洞，区别在于中洞施工时，首先开挖四个彼此互不连接的导洞，然后施作中洞永久支护结构。在中洞衬砌的支撑下，开挖侧洞并完成隧道衬砌。施工步序见图1-7（图中1～18为施工步序编号）。

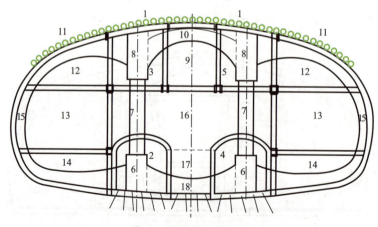

图1-7　柱洞法施工步序图

具体施工步序如下：

第 1 步：打设中洞管幕。

第 2 步：开挖中洞左下导洞，架立钢拱架，挂钢筋网，喷射混凝土，并施作临时仰拱。

第 3 步：开挖中洞左上导洞，并施作初期支护。

第 4 步：开挖中洞右下导洞，并施作初期支护。

第 5 步：开挖中洞右上导洞，并施作初期支护。

第 6 步：在中洞下导洞中浇筑地梁。

第 7 步：自上导洞向下，在钢管柱设计位置实施人工挖孔，架立钢管柱。

第 8 步：在钢管柱上浇筑天梁。

第 9 步：开挖中洞上导洞之间土体，并施作初期支护。

第 10 步：分段破除上导洞间初期支护，模注隧道顶拱。

第 11 步：打设侧洞管幕。

第 12 步：对称开挖侧洞上层土体，架立钢拱架，挂钢筋网并喷射混凝土，同时，施作临时仰拱。

第 13 步：对称开挖侧洞中层土体，施作初期支护结构。

第 14 步：对称开挖侧洞底层土体并施作初期支护结构。

第 15 步：模筑侧洞衬砌。

第 16 步：开挖中洞中层土体。

第 17 步：开挖中洞底层土体并施作初期支护。

第 18 步：分段破除中洞下导洞初期支护，浇筑隧道仰拱。

4）洞桩法

洞桩法又称为 PBA 工法（Pile Beam Arch），是利用小导洞和桩、梁技术在对地层不产生大扰动的情况下，在地下形成桩柱和梁竖向受力、传力小框架支护体系，一旦大弧拱扣拱完成，即形成竖向受力、传力大框架支护体系，在此支护体系的保护下可安全地开挖站厅层和站台层与后续的结构施工。施工步序见图 1-8。

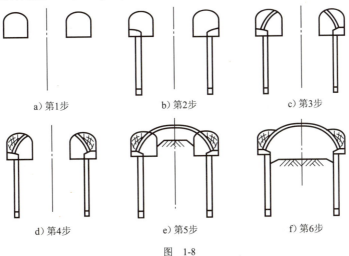

图 1-8

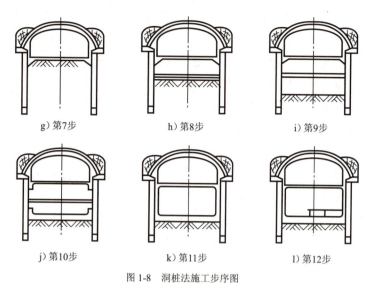

图 1-8 洞桩法施工步序图

具体施工步序如下:

第 1 步:超前注浆小导管加固地层,先开挖近桥桩侧导洞,导洞台阶法施工,格栅喷混凝土支护。

第 2 步:导洞开挖支护完成后,用特制和改进的钻机由内向外跳孔施工钻孔桩(桩径 $\phi 800$、$\phi 1000$,间距 1.2m、1.5m),导管法灌注水下混凝土,凿除桩头后,施作桩顶纵梁。

第 3 步:在导洞内施作主拱格栅钢架拱脚(即拱边段),与导洞格栅钢架预留接头相连。

第 4 步:浇筑拱边段后再进行背后回填。

第 5 步:超前注浆小导管加固地层后弧形导坑法开挖导洞间的拱部土体、施作初期支护,必要时设置临时竖撑。

第 6 步:拆除临时竖撑后向下开挖至中板下一定距离,拆除永久结构断面内导洞格栅钢架,拆除长度应根据监控量测严格控制。

第 7 步:依次施作拱墙部防水层、中板底模、中板浇筑、拱墙浇筑,预留边墙钢筋和防水层。

第 8 步:向下开挖至钢管撑高程下 0.5m,桩间喷射 50mm 厚 C20 混凝土找平,必要时进行桩间注浆加固,架设腰梁及钢管撑。

第 9 步:继续下挖至基底高程,桩间喷混凝土,施作底板垫层。

第 10 步:铺设底板防水层及其保护层,浇筑底板及部分边墙,边墙水平施工缝应高出底板面 1.5m 以上。

第 11 步:待底板达到设计强度 70% 以上,跳拆横撑及腰梁,铺侧墙防水层,浇筑侧墙混凝土与上层边墙相接。

第 12 步:施作站台板等车站内部结构,车站土建施工完成。

洞桩法施工具有如下特点:

(1)在非强透水地层中,将有水地层的施工变为无水、少水施工,避免因长期大量降水引起的地表沉降和费用增大,有利于保护地下水资源和降低施工措施费。

(2)以桩作支护,稳妥、安全,也利于控制地层沉降,避免中洞法、CD法、CRD法、双侧壁导坑法多次开挖引起地面沉降量过大的缺陷和对初期支护的刚度弱化。

(3)与CRD法、双侧壁导坑法等相比,拆除临时工程量相对较少;结构受力条件也好,相对经济合理。

(4)对结构层数限制少,对保护暗挖结构附近的地下构筑物和周边建筑物的安全有利。

(5)在桩、梁、拱承载体系形成后,有较大的施工空间,便于机械化作业,从而加快进度。

(6)在水位线以上的地层中开设的导洞内施工孔桩,利用其排桩效应对两侧土体起到了支挡作用,可减小因流砂、地下水带来的施工安全隐患。

1.3 浅埋暗挖穿越既有线路技术工作内容

在新建地铁线路(车站)穿越既有地铁线路(车站)构筑物施工中,绝大多数采用浅埋暗挖法。采用浅埋暗挖法穿越既有地铁结构的具体工作,从时间上分为穿越施工前、穿越施工过程中、穿越施工后三个工作阶段,关键技术穿插在各个工作阶段,各个阶段工作是关键技术的体现。整个施工阶段的工作流程如图1-9所示。

1.3.1 穿越施工前的技术工作

1)资料收集与既有地铁结构现状评估

收集近距施工的相关资料,根据不同穿越方式对结构影响的特点以及区间隧道和车站等不同地铁结构的特点,确定新建结构对既有结构的影响范围,在影响范围内进行既有地铁结构现状评估。

调查收集既有地铁线结构的设计资料、施工资料、竣工资料、目前状况、洞内设施等各种资料;新建隧道水文地质资料、设计资料、与既有线路相互位置关系等。

根据近接隧道的相互位置关系,对近接隧道分为隧道并列和隧道交叉两类。

(1)隧道并列

新建并列在既有隧道左右的情况,即从既有隧道横断面中央水平线向上、下各引45°斜线,新建隧道在此范围内为隧道并列的情况。在此线的上方和下方新建隧道时,应按隧道交叉的情况处理。

隧道需并列时,既有隧道会向新线方向发生拉伸变形。接近度显著时,因新建隧道的施工,会使既有隧道周边的围岩松弛,造成既有隧道衬砌上的荷载增大。

并列隧道对既有隧道的影响取决于以下条件：
①隧道的间隔。
②隧道的相对高度的位置关系。
③新建隧道的大小。
④新建隧道的施工方法（特别是开挖方式）。
⑤地形和地质条件（地层的软硬、埋深等）。
⑥既有隧道衬砌的结构和健全度等。

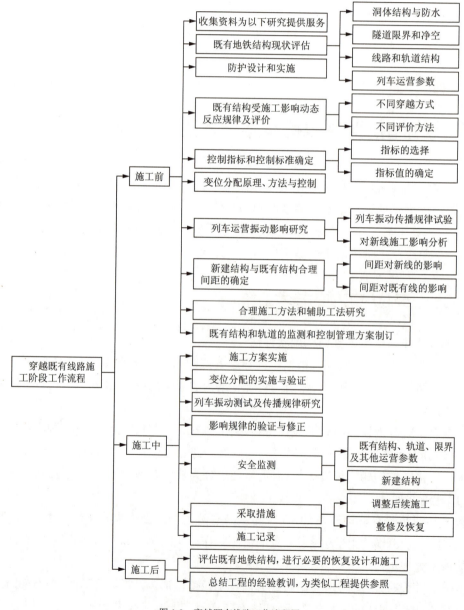

图 1-9　穿越既有线路工作流程图

(2)隧道交叉

新建隧道在既有隧道上方交叉跨过时,既有隧道会向上拉伸和位移。在非常接近时,会损坏既有隧道结构的拱作用,造成既有隧道的衬砌荷载增大。此外,也可能受到新建隧道内活荷载的影响。

反之,新建隧道在既有隧道的下方交叉通过时,既有隧道会发生下沉。非常接近时,既有隧道会产生不均匀下沉,有可能发生超过高度管理基准的轨道变形。

隧道交叉对既有隧道的影响取决于以下条件:

①隧道的相对位置关系。

②新建隧道的大小。

③新建隧道的施工方法。

④地质条件。

⑤既有隧道衬砌结构和健全度等。

⑥隧道间隔。

邻近地铁隧道动态变化规律见表1-1。

邻近地铁隧道动态变化规律　　　表1-1

隧道位置关系	力学形态	预计的既有隧道动态变化规律
隧道并列	新建隧道平行于既有隧道	既有隧道向接近新建隧道的方向发生位移;因并列隧道的施工,既有隧道周边围岩松弛,造成作用在衬砌上的荷载增加
隧道交叉	从既有隧道上方穿过	新建隧道从既有隧道上方通过时,深埋:既有隧道上方变形,围岩的拱作用受到破坏,造成衬砌上的荷载增加;浅埋:有卸载作用,衬砌荷载减小
	从既有隧道下方穿过	新建隧道从既有隧道下方通过时,既有隧道会发生下沉

主要根据新线工程的规模、设计与施工方法、与既有线路结构的位置关系、地形地质条件、既有线路结构的力学健全度和对策的可行性,将新线施工的影响范围划分为无影响范围、需注意范围、需采取措施范围和慎重范围四类,其中慎重范围内施工应该尽量避免。除无影响范围外,其他都要根据对既有线路结构的检查、量测结果等进行设计。接近度的划分与应采取的措施见表1-2。

接近度的划分与应采取的措施　　　表1-2

接近度划分	划分内容	措　　施
无影响范围	不考虑新线施工对既有线路结构影响的范围	一般不需要采取措施
需注意范围	通常不会产生有害影响,但有一定影响的范围	一般以采取合适的施工方法为对策,并根据既有线路结构的位移、变形量等推定允许值,再决定是否采取其他措施。为了施工安全,要对既有线路结构物和新线进行量测管理
需采取措施范围	产生有害影响的范围	必须从施工方法上采取措施并根据既有线路结构的位移、变形量决定影响程度,而后采取相应措施。同时,对既有线路结构物和新线进行量测管理
慎重范围	对隧道结构有重大有害影响	应尽量避免该种情况,如不能避免,则除了按"需采取措施范围"一样外还应特别注意新线施工振动的影响

有了接近度的划分,便可以此确定施工前调查、影响预测、安全监测、施工方法和应采取

的对策等。不同接近度的对策见表1-3。

不同接近度的对策 表1-3

接近度	项目	子项目	要求
无影响范围	现状调查	既有隧道结构调查	目视检查,确认状况
		地质勘察	资料确认
		接近工程的概况	设计、施工、位置关系确认
	影响预测	经验方法	不需要
		解析方法	不需要
	对策	既有隧道对策	不需要
		新建隧道对策	不需要
		地层对策	不需要
	安全监测	结构稳定性	必要时实施
		轨道管理	不需要
		建筑限界	不需要
	施工记录	接近工程的概况	希望加以保存
		安全监测结果记录	不需要
需注意范围	现状调查	既有隧道结构调查	结构调查
		地质勘察	资料确认
		接近工程的概况	不需要
	影响预测	经验方法	不需要
		解析方法	不需要
	对策	既有隧道对策	不需要
		新建隧道对策	按影响最小考虑
		地层对策	不需要
	安全监测	结构稳定性	必要
		轨道管理	必要
		建筑限界	必要
	施工记录	接近工程的概况	必要
		安全监测结果记录	必要
需采取措施范围和慎重范围	现状调查	既有隧道结构调查	详细调查
		地质勘察	必要
		接近工程的概况	设计、施工、位置关系确认
	影响预测	经验方法	调查类似工程
		解析方法	必要
	对策	既有隧道对策	为确保安全采取必要对策,也可以考虑改变新建计划
		新建隧道对策	
		地层对策	
	安全监测	结构稳定性	必要
		轨道管理	必要
		建筑限界	必要
	施工记录	接近工程的概况	必要
		安全监测结果记录	必要

在新线穿越既有线路的情况下,其接近度的划分见表1-4。

穿越方式及接近度划分 表1-4

穿越方式及两座隧道的位置关系		隧道间隔	接近度的划分
隧道并列	新建隧道比既有隧道高	<0.5D	慎重范围
		(0.5~1)D	需采取措施范围
		(1~2.5)D	注意范围
		>2.5D	无影响范围
	新建隧道比既有隧道低	<0.5D	慎重范围
		(0.5~1.5)D	需采取措施范围
		(1.5~2.5)D	注意范围
		>2.5D	无影响范围
隧道交叉(上穿)		<5m	慎重范围
		5m~1.5D	需采取措施范围
		(1.5~3.0)D	注意范围
		>3.0D	无影响范围
隧道交叉(下穿)		<5m	慎重范围
		5m~2.0D	需采取措施范围
		(2.0~3.5)D	注意范围
		>3.5D	无影响范围

注:D为新建隧道的外径。

在资料收集的基础上对既有地铁线路进行必要的现状调查、检测和评估。一般包括既有线路洞体结构和防水的现状检测评估;隧道限界、净空的量测与评估;线路和轨道结构的调查与评估;列车速度等运营参数的调查。

通过资料收集和既有线路现状调查、评估,为既有线路所受影响的预测分析、控制指标和标准的制订、施工与防护方案优化、异常情况处理等提供依据。

2)主要控制指标及控制标准研究

从既有地铁结构结构安全和运营安全出发,通过对既有结构在施工过程中的应力变化和损伤破坏发展规律进行分析和判断,并结合现状评估和类似工程经验针对不同的构筑物类型拟订相应的控制指标和控制标准,且实行分级管理。

控制指标常采用变形控制指标,主要有沉降(隆起)值、差异沉降、轨距变化值、两轨高差值、裂缝宽度变化值、道床与结构脱离值等,一般可选用对既有线路安全影响大的作为主要控制指标。穿越施工前可根据既有线路现状调查评估的结果,结合理论分析和类似工程经验综合分析、制订既有线路的控制指标和标准,施工中可根据工程实际情况和监测分析等予以优化调整。对于变形控制指标不仅要重视其绝对值,还要重视变形的相对差值和变形的速率值。

3)既有地铁隧道受浅埋暗挖隧道施工影响的应力应变反应模式和评价方法研究

根据不同穿越方式以及不同地铁隧道类型的特点,研究浅埋暗挖隧道施工对既有隧道影响的主要规律、应力应变反应模式,并通过不同评价方法的对比研究、相似工程对比、理论推导及现场测试等,提出或推荐适合的评价方法。

4)防护设计和实施

根据既有线路现状调查评估结果以及新建隧道对既有线路影响的情况,可设置轨距拉杆和防护轨、调整列车运营速度、加固既有隧道结构等措施对既有线路进行防护加固。防护设计的原则是确保既有线路运营安全并最大限度地减小对既有线路正常运营的影响。

5)新建浅埋暗挖隧道与既有地铁结构合理间距的确定

通过不同间距下新建隧道对既有地铁结构影响的对比分析,以及不同间距下既有地铁结构的存在对新建隧道的施工影响,尤其是既有列车振动对新建隧道施工影响的对比分析,确定近距施工相对合理的间距值。

6)浅埋暗挖隧道穿越既有地铁结构的合理施工方案及辅助工法研究

通过预测分析确定施工方案对既有线路的影响,并将其影响程度与控制标准进行比较,直至满足安全运营的条件,从而确定该施工方案为可行方案;确定几种可行方案并通过沉降控制效果、安全、技术、经济、工期等的对比确定合理的施工方案及辅助施工方法。

施工方案中要有明确控制沉降的技术措施和组织管理措施,并制订相应的紧急预案。如对于浅埋暗挖法的隧道一般可以通过管棚、注浆加固土体、留设核心土、控制开挖进尺和台阶长度、合理开挖顺序和开挖步距、垫实拱脚、及时回填注浆、减少掌子面临空暴露时间、加强施工管理等措施来控制沉降。另外,施工方案中宜对主要的控制标准按施工步序通过预测分析进行分解,从而确定每个施工步序的预控值,实行分阶段控制。

7)既有地铁线路运营振动对浅埋暗挖隧道施工影响的评价方法和控制技术研究

主要研究列车振动对隧道施工的影响尤其是施工安全的影响,振动对新建结构质量的影响,以及振动在地层中衰减规律和列车动载作用效应等。

8)既有地铁结构受浅埋暗挖隧道分步开挖施工影响的变位分配原理、方法与控制研究

建立力学模型深入分析隧道施工过程对地层及既有结构物的影响机理,确定变位分配的方法,由此制订完整的变形控制方案,形成地层及结构的变形控制体系。

9)既有地铁结构与轨道系统工作状态变化的监测及控制管理

为客观、公正、可靠地对既有线路进行监控,准确掌握其在施工中的动态变化情况,宜选取第三方监测单位、采用实时监控系统对既有线路进行监控。监测方案要根据既有线路的特点、新建隧道情况、类似工程经验等综合考虑制订,并选择可靠性高、抗振动干扰能力强、精度高的监测仪器、设备。同时,还要建立实行有效的分析、反馈、报警制度。

研究和选择适宜的监控系统,实时掌握既有地铁结构和轨道系统的状态;研究相应的变形控制措施和应急措施,根据监控情况及时采取措施或调整施工方案,确保运营安全。

1.3.2 穿越过程中的技术工作

(1)按照已确定的施工方案及分步变位控制方法进行施工。

(2)及时对监测数据进行分析和反馈,保证每个施工步骤的产生的地层变形或结构变形不能超过该步控制标准,如果分步施工引起的变位超过该步的单步控制标准值,必须及时调整后续施工方案,如通过改变新建结构开挖尺寸、分步尺寸、衬砌和支护结构来控制开挖引起的围岩位移及结构变形。在整个施工过程中,对变位分配原理及方法进行验证,并根据实际情况对原理及方法进行修正与完善。

(3)监测既有线路的列车振动,通过数据的处理,分析振动在地层中的传播规律及对于新建线结构及施工的影响,验证振动在地层中的传播规律理论,积累经验,为类似工程的处理提供依据。

(4)同时要加强对既有线路及新建线的巡查工作,判断既有线路的结构、轨道及建筑限界、新建线结构安全,如发现异常时,及时通知各有关单位,分析异常情况产生的原因并及时采取有效措施进行处理。有时即使监测数据表明,既有结构及新建结构安全,但实际的观察表明异常;此时应采取措施对出现情况进行治理,如通过注浆抬升既有线路沉降、严重情况停止施工,封闭掌子面,召开专家讨论会研究原因并采取措施。

(5)根据对工程情况的分析进一步优化施工方案,修正完善新建线施工对既有线路的影响预测方法并进行进一步的预测分析。

由于穿越既有地铁结构工程的重要性,施工经验及理论的相对缺乏,对于整个工程,无论从一般施工过程到特殊处理措施都必须进行全过程的跟踪记录,积累资料。

1.3.3 穿越施工后的技术工作

穿越工程结束后,对既有线路结构、轨道、限界、防水等穿越后的安全进行评估并形成评估报告,在评估报告的基础上,进行必要的既有线路恢复设计和施工。

第 2 章

既有线路风险评估与安全防护

Key Construction Technology of Underground
Excavation for Subway Crossing Existing Lines

Key Construction Technology of Underground
Excavation for Subway Crossing Existing Lines

2.1 既有线路调查与风险评估方法

2.1.1 风险评估的目的

在新建地铁线路(车站)跨越既有地铁线路(车站)过程中,应对地铁既有线路结构进行危险性评估。既有线路结构的风险评估应该包括新建隧道施工前的安全性鉴定、施工过程影响的分析和评价、施工影响后的危险性评价。当然要针对不同的施工方法和技术措施进行评价,在综合分析的基础上制订安全可靠、经济合理和技术先进的施工方案和技术措施,以确保既有线路运营和新建线施工的绝对安全。

新建线施工前,为全面了解既有线路当前的工作状态,并为施工中各类控制标准和施工技术方案的制订提供依据,应对工程影响范围内的既有线路进行现状调查和评估。评估结果的可靠性将直接影响施工中各项控制标准的制订,从而影响对既有线路的安全控制。风险评估的目的主要有以下几个方面:

(1)判断既有线路结构的危险程度,对安全隐患进行及时治理,确保既有线路结构安全和运营安全。

(2)通过对既有线路的检测以及计算分析,对既有线路当前的工作状态和抵抗附加外荷的能力做出评估。

(3)为制订施工对既有线路的附加影响的控制标准提供依据。

2.1.2 风险评估的标准规范依据

风险评估依据的标准规范依据包括:

(1)《地铁设计规范》(GB 50157—2013)。

(2)《铁路隧道设计规范》(TB 10003—2016)。

(3)《民用建筑可靠性鉴定标准》(GB 50292—2015)。

(4)《工业建筑可靠性鉴定标准》(GB 50144—2008)。

(5)《混凝土结构设计规范》(GB 50010—2010)。

(6)《回弹法检测混凝土抗压强度技术规程》(JGJ/T 23—2011)。

(7)《钻芯法检测混凝土强度技术规程》(JGJ/T 384—2016)。

(8)《建筑结构检测技术标准》(GB/T 50344—2004)。

(9)《混凝土结构耐久性评定标准》(CECS 220—2007)。

(10)《地下铁道工程施工质量验收标准》(GB/T 50299—2018)。

(11)《后装拔出法检测混凝土强度技术规程》(DB/T 29-237—2016)。

2.1.3 安全性评估等级及环境安全风险等级划分

1)邻近地铁隧道穿越方式分类及环境安全风险等级划分

邻近地铁隧道穿越方式分类见表 2-1。

邻近地铁隧道穿越方式分类   表 2-1

隧道位置关系	力学形态	预计的既有隧道动态变化规律	穿越方式
隧道并列	新建隧道平行于既有隧道	既有隧道向接近新建隧道的方向发生位移;因并列隧道的施工,既有隧道周边围岩松弛,造成作用在衬砌上的荷载增加	侧穿
隧道交叉	从既有隧道上方穿过	新建隧道从既有隧道上方通过时,深埋时,既有隧道上部变形,围岩的拱作用受到破坏,造成衬砌上的荷载增加;浅埋时,有卸载作用,衬砌荷载减小	上穿
	从既有隧道下方穿过	新建隧道从既有隧道下方穿过时,既有隧道会发生下沉	下穿

结合各城市地铁管理现状,可借鉴接近度的划分来进行环境安全风险等级的划分,环境风险等级的划分要根据许多条件作出判断,包括:

(1)接近工程的类型。

(2)接近工程的规模。

(3)接近工程的设计、施工方法。

(4)与既有隧道的位置关系。

(5)(原)地质条件。

(6)既有隧道衬砌的力学健全度。

(7)对策的可行性。

(8)其他。

在接近施工中,要对可能影响的范围进行划分是很困难的,日本主要是根据既有结构物与新设结构物的位置关系划分为:无影响范围、注意范围和需采取措施的范围。除无影响范围外,都要根据对既有结构物的检查、量测等进行设计。

可根据具体工程的设计方案、工程性质、工程环境情况等,按照分区、分段的原则对新建工程进行环境安全分级。

对于环境安全风险可按表 2-2 进行分级。

环境安全风险分级   表 2-2

风险等级	穿越方式和间距			
	下穿	上穿	侧穿	
			新建比既有位置高	新建比既有位置低
特级	<5m			
一级	5m~1.0D	<5m		

续上表

风险等级	穿越方式和间距			
	下穿	上穿	侧穿	
			新建比既有位置高	新建比既有位置低
二级	$(1.0 \sim 2.0)D$	$5m \sim 1.5D$	$<1.0D$	$<1.5D$
三级	$(2.0 \sim 3.5)D$	$(1.5 \sim 3.0)D$	$(1 \sim 2.5)D$	$(1.5 \sim 2.5)D$
无风险	$>3.5D$	$>3.0D$	$>2.5D$	$>2.5D$

注：D 为新建隧道外径；"间距"是指既有隧道衬砌外面到接近工程的最小距离。

表 2-2 的地质条件是以洪积砂岩等为基础的，在地质情况良好或不良时，应加以修正。修正时，可参考以下方法：稳定的硬岩、软岩减 20%；洪积砂层、黏性土层等加 20%；不稳定的围岩（膨胀性围岩等）加 40%。

2）评估等级划分

根据以上环境安全风险等级的划分，将邻近地铁施工分为以下三个评估等级，分别为：

（1）详细评估

地铁施工前，委托有资质的专业单位完成的主要工作包括既有地铁结构的调查、外观及质量评估等，最终得出量化的既有地铁结构抵抗附加变形和荷载的能力以及安全运营要求的其他条件。

（2）一般评估

地铁施工前，委托有资质的专业单位，也可由施工单位自行完成的主要工作包括既有地铁结构的调查、外观及质量评估等，最终得出定性的既有地铁结构抵抗附加变形和荷载的能力以及安全运营要求的其他条件。

（3）只调查，不评估

由施工单位自行对既有地铁结构现状进行调查，不考虑抵抗施工影响的能力。

评估等级划分依据为：

①对于环境安全风险等级为"特级""一级""二级"的既有地铁结构，必须进行"详细评估"。

②对于环境安全风险等级为"三级"的地铁结构，需进行"一般评估"。

③对于环境安全风险等级为"无风险"的地铁结构，可以"只调查，不评估"。

2.1.4 既有线路现状调查与评估程序

既有线路现状调查与评估应依照下列步骤进行：

（1）受理委托及初始调查。根据委托人的要求，收集调查和分析既有线路与新建线的位置关系资料，确定过既有线路施工种类和影响范围，以此确定既有线路调查与评估的等级。收集调查和分析既有线路原始资料，并进行现场查勘，必要时进行补充调查。

（2）检测验算。对既有线路现状进行现场检测，必要时，采用仪器测试和结构验算。

（3）处理建议。对既有线路提出原则性的处理建议。

(4)评估报告。

评估程序如图2-1所示。

图2-1 既有线路现状评估程序

2.1.5 既有线路现状安全性评估内容及调查范围

1)评估内容

既有线路评估内容包括以下五部分:

(1)洞体结构承载力的验算及评估。

(2)限界的调查与评估。

(3)线路的调查与评估。

(4)轨道(包括钢轨及配件)、扣件、轨枕及道床等的调查与评估。

(5)防水的调查与评估。

2)调查范围

既有隧道的调查范围从新建隧道的外缘到 $5D$ 左右的外侧位置(D 为隧道外径),指既有隧道衬砌外面的垂直高度、水平宽度中的最大值;在隧道并列、隧道交叉的场合,采用新建隧道的外径 D' 。

2.1.6 既有线路一般状况及环境调查

1)初始调查

既有线路的一般状况及环境初始调查应包括下列内容:

(1)原设计图和竣工图历史加固和改造设计图、事故处理报告、竣工验收文件和检查观测记录。

(2)原始施工情况(原始施工资料)。

(3)既有线路的使用条件。

(4)根据已有的资料与实物进行初步核对、检查和分析。

以上四步主要为了对既有结构的状况进行了解,便于既有结构现状的评估。

(5)地层调查。对于接近工程的预测,充分掌握既有隧道、新建隧道结构物周边及中间地层的物理、力学性质是很有必要的。地层调查主要是掌握地质构造、分布状况、地下水情况、风化、变质状况、强度变形特征等,为了进行影响预测而采用有限元解析时,应进行相应的试验得到必要的指标值。

(6)填写初步的调查报告,初步调查表格格式见表2-3。

（7）制订详细的调查计划，确定必要的实测、试验和分析等工作的大纲。

既有线路一般现状及环境初步调查表　　　　表 2-3

既有线路概况	名称		原设计者	
	地点		原施工者	
	车站或区间		业主方	
	竣工日期		与地铁位置关系	
线路	平面形式		总长×宽	
结构	结构形式		防水	等级	
	结构尺寸			措施	
	结构埋深			材料	
	初期支护		变形缝	
	二次衬砌			
设备、图纸及资料	工艺图		施工记录	
	结构图		竣工记录	
	线路图		已有资料调查	
	地质勘察		标准、规范	
历史	改扩建资料		灾害	
	修建资料		其他	
主要问题	委托方意见			
	评估者意见			
评估合同	目的			
	项目			
	要求			

2）详细调查

既有线路的详细调查应包括下列内容：

（1）结构布置、支护系统、结构形式和连接构造的检查。进行结构上的作用、作用效应及作用效应组合的调查分析，结构材料性能和几何参数的检测和分析，结构构件的计算分析、现场实测。必要时进行结构检验。

（2）车辆限界、设备限界和建筑限界的调查。调查地铁车辆型号与设计的限界，现场量测实际断面，检查限界的实际情况。

（3）线路的调查。调查线路设计允许的平面曲率、线路纵断面坡度、纵曲率，量测实际值。

（4）轨道的调查。主要包括：

①钢轨型号、接头螺栓和螺母的强度等级。

②道床结构形式、高度、道床混凝土强度等级，道床伸缩缝设置，扣件类型及与轨枕的连接方式等。

（5）防水结构的调查，包括各部位防水措施及防水等级的调查。

2.1.7 既有线路现状调查与检测的内容、方法

对于处于调查范围的既有线路结构,拟对以下内容进行详细地调查、检测和评估,部分检测内容的检测记录表见表2-4。

检 测 记 录 表　　　　　表2-4

检测内容	检测构件和部位、检测情况(量值或描述)										
建成时间及设计使用寿命											
结构形式及埋深、尺寸											
防水材料及结构形式											
列车运行间隔及速度											
维修情况											
管线											
结构和变形缝处漏水											
限界											
设计曲率及允许曲率											
设计竖曲线半径及其允许值											
变形缝位置及宽度											
道床	裂缝名称		裂缝编号		裂缝位置		缝宽		缝深	裂缝方向,发展趋势描述	
	表面裂缝										
	底面与洞体间裂缝										
混凝土强度	边墙			顶板			底板			立柱	
	设计标号	设计标号	设计标号	设计标号	换算强度	换算标号	设计标号	换算强度	换算标号	设计标号	换算强度	换算标号
衬砌厚度	边墙			顶板			底板				
保护层厚度及碳化深度	构件编号	测点编号	保护层厚度			碳化深度					
			正	侧	底	正	侧	底			
梁柱钢筋	构件编号	测点编号	构件尺寸	主筋间距			钢筋直径			主筋数量			钢筋间距			箍筋直径		
				正	侧	底	正	侧	底	正	侧	底	正	侧	底	正	侧	底
Cl⁻含量	芯样编号	取芯位置	Cl⁻含量(%)								
碱含量	芯样编号	取芯位置	混凝土碱含量(kg/m³)								
轨道及扣件											

1)既有线路结构的调查与评估

(1)设计与施工资料调查

调查设计资料和图纸、隐蔽工程的施工记录及竣工资料,调查既有线路设计单位、施工单位等。

(2)地质资料调查

调查既有线路地层资料,通过调查设计资料、勘察资料等,确定既有线路的地层状况。

(3)既有线路建成年代、结构形式及设计使用寿命的调查

既有线路建成年代、结构形式及设计使用寿命的调查,此调查有助于确定混凝土的剩余强度值。

(4)维修记录调查

既有线路维修情况的调查,如有维修情况,调查维修原因、结果,及其可能造成的影响。

(5)结构和变形缝处漏水情况的调查

①结构和变形缝处漏水情况的调查,可以通过目视检查,如有漏水现象,则提出维修处理措施。

②地下车站及机电设备集中区段的防水等级应为一级,不允许渗水,结构表面无湿渍。

③区间隧道及连接通道等附属的隧道结构防水等级为二级,顶部不允许滴漏,其他不允许漏水,结构表面可有少量湿渍;其他地下工程:总湿渍面积不应大于总防水面积的6/1000;任意$100m^2$防水面积上的湿渍不超过4处,单个湿渍的最大面积不大于$0.2m^2$。事实上,有些地铁隧道由于施工以及长期运营等原因本身就存在渗漏水情况,由于新建隧道施工影响使得渗漏水状况更加恶化。

④围岩中地下水因含有盐类、酸类和碱类等化学成分,对混凝土衬砌起腐蚀作用而形成的病害(水蚀病害)。判定漏水对衬砌有无侵蚀作用的主要方法是对水进行化学测试,测出水的pH值。

⑤地下水资源丰富,初期支护喷射混凝土背后不密实有空隙,初期支护与二次衬砌有空隙和施工过程中防水板个别点破损,二次衬砌混凝土收缩产生裂缝,都可能产生渗漏水。由于结构的不均匀沉降,止水材料的老化、施工不慎等多种原因,均可导致变形缝、施工缝部位渗漏。对于不同部位的渗漏水可采取如下措施:

a. 初期支护渗水处理:初期支护背后回填注浆及局部渗水点处理。

b. 二次衬砌渗水处理:初期支护与二次衬砌背后回填或化学灌浆及局部渗水点处理。

c. 变形缝、施工缝渗水的处理:开槽埋导流管。

(6)变形缝的调查与评估

如果既有结构的变形缝在施工影响范围内,新线施工造成变形缝的差异沉降可能会影响行车安全,因此要对变形缝的位置和宽度进行量测,确定在不影响列车正常运行的情况下,沉降缝允许的差异沉降量。

(7)混凝土强度检测

①检测方法

材料(混凝土)的抗压强度和抗拉强度这两个重要力学参数是控制结构受荷能力的要

素之一,而抗压强度在混凝土材料中又是最典型的指标。

对混凝土强度的检测采用回弹法、拉拔法或钻芯法。回弹法是一种比较普遍的混凝土无损检测方法。其基本原理是给混凝土表面施加一标准碰撞,不同强度的混凝土碰撞恢复系数不同,将此特性定量的通过回弹仪记录下来,用以表征混凝土的强度。

在既有地铁内取几个测点,取平均回弹值 R_m,对于非水平方向的回弹值按照《回弹法检测混凝土抗压强度技术规程》(JGJ/T 23—2011)附录 C 进行修正。

由修正后的回弹值和平均碳化深度按照《回弹法检测混凝土抗压强度技术规程》(JGJ/T 23—2011)附录 A 查得混凝土强度换算值 f_{cuc}。

②评估方法

将上面检测得到的混凝土 f_{cuc} 值与当前规范的混凝土强度等级对应,给出当前混凝土强度等级。

(8)衬砌厚度检测

隧道衬砌厚度是隧道设计的重要参数之一,是评价隧道结构安全性的重要指标,通过检测衬砌厚度为确定隧道承受附加荷载的能力提供依据。衬砌厚度的检测可采用地质雷达。地质雷达是工作于 VHF、UHF 微波频段的超带宽(VMB)探测雷达。它是根据电磁波在有耗介质中的传播特性工作的。该仪器携带的发射天线向被探测介质发出高频电磁波,当电磁波遇到介质不均匀、介电常数有差异时便发生反射,其反射系数由介质的介电常数决定。反射信号通过接收天线耦合后由记录器记录下来,得到雷达信号剖面图,通过资料的处理解释可以得到隧道衬砌厚度。

(9)混凝土保护层厚度及碳化深度检测

混凝土碳化是导致混凝土中钢筋锈蚀的一个重要前提,也是影响钢筋混凝土耐久性的主要因素之一,当混凝土的碳化深度达到钢筋表面时,就会加速钢筋的锈蚀。为了评估混凝土的耐久性,可以通过检测碳化深度和保护层厚度来了解混凝土碳化深度是否已达到钢筋表面。

混凝土碳化深度是衡量既有混凝土结构劣化状况的一个重要参数。混凝土碳化是指水泥石中的水化产物与环境中的二氧化碳作用,生成碳酸钙或其他物质的现象。这是一个极其复杂的多相物理化学过程。普通硅酸盐水泥混凝土中水泥熟料的主要矿物成分有硅酸三钙、硅酸二钙、铝酸三钙、铁铝酸四钙及石膏等,其水化产物为氢氧化钙(约占 25%)、水化硅酸钙(约占 60%)、水化铝酸钙、水化硫铝酸钙等,充分水化后,混凝土孔隙水溶液为氢氧化钙饱和溶液,其 pH 值为 12～13,呈强碱性。在水泥水化过程中,由于化学收缩、自由水蒸发等多种原因,在混凝土内部存在大小不同的毛细管、孔隙、气泡等,大气中的二氧化碳通过这些孔隙向混凝土内部扩散,并溶解于孔隙内的液相,在孔隙溶液中与水泥水化过程中产生的可碳化物质发生碳化反应,生成碳酸钙。

由于碳化反应的主要产物碳酸钙属非溶解性钙盐,比原反应物的体积膨胀了约 17%,因此混凝土的胶凝孔隙和部分毛细孔隙将被碳化产物堵塞,使混凝土的密实度和强度有所提高,一定程度上阻碍了二氧化碳和氧气向混凝土内部的扩散。另一方面,混凝土碳化使混凝土 pH 值降低,完全碳化混凝土的 pH 值为 8.5～9.0,使混凝土中的钢筋脱钝,容易生锈。

混凝土的碳化速度主要取决于二氧化碳的扩散速度和二氧化碳与混凝土中可碳化物质的反应性。而二氧化碳的扩散速度与混凝土本身的密实性、二氧化碳气体的浓度、环境温度及混凝土的含湿状态有关,碳化反应则与混凝土中氧化钙的含量、水化产物的形态及环境的温湿度等因素有关,这些影响因素可以归结为与环境有关的外部因素和与混凝土本身有关的内部因素。

试验研究表明:二氧化碳浓度越高,碳化越快;温度越高,碳化越快。环境湿度影响规律是:当湿度很低(10%以下)或很高(90%以上)时,混凝土碳化速度很慢;当环境湿度在30%~70%时,碳化最快。

混凝土品质方面:水灰比越高,碳化越快;混凝土强度越高,碳化越快。

测量混凝土碳化深度时,可用电钻在选定测区的混凝土表面钻出直径15mm、深度50mm的孔洞,孔洞中的粉末用毛笔和皮老虎清除干净(不得用水擦洗)。用浓度1%的酚酞酒精溶液滴在孔洞内壁,由于无色的酚酞试液遇碱变红色,只要变成红色就说明没有碳化,这样碳化深度定义为从混凝土表面到变红分界的深度。用专用测量工具,测量不少于3次,取其平均值。每次读数精确到0.5mm。

混凝土碳化测试结果用于修正混凝土表面回弹检测值,另外,碳化深度与保护层厚度的对比可以衡量混凝土内钢筋锈蚀环境的优劣。

①检测内容

检测各构件钢筋保护层厚度;检测各构件保护层混凝土的碳化深度;查阅原设计图纸,了解各构件的设计钢筋保护层厚度。

②检测方法

混凝土保护层可以采用钢筋位置定位仪进行量测,同时可辅以少量小破损(凿除)的方法,用游标卡尺实际量测钢筋保护层厚度。

混凝土碳化深度采用浓度为1%的酚酞溶液检测,将其喷洒在取出的芯样上或将其注入凿出的小孔内,用游标卡尺测量碳化深度。

③评估方法

根据检测结果判断保护层厚度是否满足设计要求,同时对目前的实际状态及其对剩余强度的影响做出评价。

(10)混凝土外观及裂缝检查

①检查内容

外观检查是进行混凝土结构检测评估的重要一步,通过检查混凝土表面是否开裂,混凝土有无脱落、掉块,是否有锈迹,为推断混凝土质量提供依据。

②检查方法

裂缝宽度采用裂缝卡尺进行量测,裂缝深度可以采用非金属超声仪进行量测,对于裂缝的走向和发展趋势要进行描述。

③评估方法

从测试结果判断裂缝成因及洞体沉降可能对裂缝产生的影响。

地铁隧道衬砌材料劣化是指修建衬砌的材料(混凝土等)在大气、水、烟、盐等侵蚀介质作用下发生的劣化现象。

根据以上几方面对衬砌混凝土的监测和评估最终将衬砌的材料劣化等级分为A、B、C、D四级,见表2-5。

衬砌材料劣化等级评定   表2-5

衬砌材料裂化等级	混凝土衬砌腐蚀	衬砌结构有效厚度/设计厚度	衬砌结构实际强度/设计强度
A(严重)	(1)衬砌材料劣化,稍有外力或振动,即会崩塌或剥落,对行车产生重大影响。 (2)腐蚀深度10mm,面积达0.3m²。 (3)衬砌有效厚度为设计厚度的2/3左右	衬砌结构有效厚度与设计厚度比值H_P/H_D<50%	衬砌结构实际强度与设计强度比值σ_P/σ_D<67%
B(较重)	衬砌剥落,材质劣化,衬砌厚度减少,混凝土强度有一定的降低	衬砌结构有效厚度与设计厚度比值H_P/H_D: 50%≤H_P/H_D≤67%	衬砌结构实际强度与设计强度比值σ_P/σ_D: 67%≤σ_P/σ_D≤80%
C(中等)	衬砌有剥落,材质劣化,但发展较慢	衬砌结构有效厚度与设计厚度比值H_P/H_D: 67%≤H_P/H_D≤85%	衬砌结构实际强度与设计强度比值σ_P/σ_D: 80%≤σ_P/σ_D≤90%
D(轻微)	衬砌有起毛或麻面蜂窝现象,但不严重	衬砌结构有效厚度与设计厚度比值H_P/H_D>85%	衬砌结构实际强度与设计强度比值σ_P/σ_D>90%

④治理措施

在掌握衬砌裂纹变化情况和地质、环境资料、查清病害原因的基础上,对不同裂损地段,采用不同的工程措施,结合衬砌渗漏水、腐蚀等病害综合进行整治,贯彻彻底整治、不留后患,消灭已有的衬砌裂损带来的对结构及运营的一切危害,并防止再加大裂损。同时,采取以稳固围岩为主,稳固岩体与加固衬砌相结合的综合治理措施。

a. 对于拱顶纵向裂缝和一般贯通性的环向裂缝,以及宽度较大的局部环向裂缝,其整治的基本方法是在裂缝内压注易扩散、高强度、高黏结力的超细水泥、水泥基浆液或其他化学浆液;对于结构危害性较大的纵向裂缝,修补可考虑采用亲水性环氧注浆,达到止水与结构补强的双重目的;对于环向裂缝渗漏应压注弹性注浆材料。

b. 对于衬砌表面细小裂缝,可先将表面凿毛并冲洗干净,再喷射或涂抹结晶渗透性混合料,使涂层浆液充分扩散到裂缝中,填实裂缝,提高混凝土的整体性;对于一些无渗漏水和明显错动的较小裂缝,也可选用凿槽嵌补法修补,嵌入聚合物水泥浆、聚氨脂、环氧树脂类等柔性材料。

c. 对于集中裂缝的整治采用裂缝内注浆、衬砌表面喷射钢纤维混凝土或贴碳纤维片进行衬砌补强。对较长的纵向裂缝和拱墙贯通的环向裂缝采用更换局部边墙和拱部衬砌的衬砌加强方案。

d. 对于人工钻孔产生的缺陷,采用凿除孔表面、重新灌注混凝土的方法。灌注材料可选用微膨胀混凝土等。

e. 对于面积较大、原有钢筋已被切断或变形的缺损,修复时必须调直钢筋并增加搭接钢筋后,再用混凝土封堵;对于钢筋腐蚀较严重区域与混凝土劣化处可采用聚合物水泥混凝土进行修复。对于衬砌其他缺陷,选用凿除面层混凝土,挂网喷浆的补强方法。

(11) 车站梁柱构件钢筋扫描检测
① 检测目的
钢筋扫描检测的目的是确定车站混凝土构件配筋数量、直径等参数,为承载能力计算提供依据。
② 检测方法
本项检测可以采用钢筋位置定位仪实现。
③ 评估方法
给出各构件钢筋的配置情况。

(12) Cl^- 含量的检测和评估
① 检测目的
Cl^- 侵蚀是导致混凝土中钢筋锈蚀的主要原因之一,对混凝土芯样内 Cl^- 含量进行试验分析,从而分析钢筋附近 Cl^- 含量是否超过限值要求,综合钢筋锈蚀状况评估钢筋锈蚀发展情况。
② 检测方法及依据
检测可以采用取芯法。对于钢筋混凝土结构中的 Cl^- 含量的限值,世界上几个常见的标准如表2-6所示。

混凝土中允许 Cl^- 含量的限值(单位:%,占水泥用量的百分率)　　表2-6

类　型	ACI201	ACI318	ACI222
预应力混凝土	0.06	0.06	0.08
湿环境,有氯盐	0.10	0.15	0.20
普通混凝土,一般环境无氯盐	0.15	0.30	0.20
干燥环境或有外防护层	无规定	1.0	0.20

我国《混凝土结构设计规范》(GB 50010—2010)根据不同环境类别给出设计使用年限为50年的结构混凝土中 Cl^- 含量限值,如表2-7所示。一类环境中,设计使用年限为100年的结构混凝土中的最大 Cl^- 含量为0.06%,二类和三类环境中,设计使用年限为100年的混凝土结构,应专门采取有效措施。

混凝土中允许 Cl^- 含量的限值(单位:%,占水泥用量的百分率)　　表2-7

环境类别	一	二 a	二 b	三 a	三 b
最大 Cl^- 含量	0.30	0.20	0.15	0.15	0.10

③ 评估方法
按现行规范对环境类别的分类方法,确定既有地铁结构所处的环境类别;根据既有结构的设计使用年限及检测的 Cl^- 含量,判断是否超过限值。

(13) 碱含量的测试
① 检测目的
在有活性骨料的情况下,若碱含量超过一定限值,就有发生碱—骨料反应的可能,因此应该对碱含量进行测试。

②检测方法及依据

测试采用取芯法。《混凝土结构设计规范》(GB 50010—2010)规定,按设计使用年限为50年考虑,二b环境中,混凝土中最大碱含量限值为3kg/m³。按设计使用年限100年考虑,宜使用非活性骨料。当使用碱活性骨料时,混凝土中最大碱含量限值为3kg/m³。

③评估方法

按现行规范对环境类别的分类方法,确定既有地铁结构的环境类别;根据既有地铁结构的设计使用年限及检测的碱含量,判断是否超过限值。

(14)钢筋锈蚀测试

①检测目的

钢筋锈蚀是影响钢筋混凝土结构耐久性的一个重要因素,当钢筋锈蚀量达到一定量后,可以导致混凝土产生顺筋胀裂。氯离子、二氧化碳和水等有害介质可进入混凝土内部,甚至达到钢筋表面,使钢筋锈蚀进一步恶化,混凝土进一步胀裂。为综合评定钢筋混凝土结构的耐久性,需要对钢筋的锈蚀状况做全面检查。

②检测方法

对于钢筋锈蚀的检测可以采用无损检测(电化学方法)和小破损试验相结合的方法。电化学方法采用钢筋锈蚀仪,对怀疑锈蚀的部位进行小破损试验,用电化学测试结果和小破损试验结果综合判断混凝土内钢筋的锈蚀状况。

③评估方法

根据检测结果给出钢筋锈蚀状况,针对其对钢筋抗拉强度的影响做出评价,可参照表2-8。

钢筋材料腐蚀等级　　　　　　　　　　　　　　　　　　　　　表2-8

钢筋材料腐蚀等级	钢筋实际强度与设计强度比值
A(严重)	$\sigma_P / \sigma_D < 67\%$
B(较重)	$67\% \leqslant \sigma_P / \sigma_D \leqslant 80\%$
C(中等)	$80\% \leqslant \sigma_P / \sigma_D \leqslant 90\%$
D(轻微)	$\sigma_P / \sigma_D > 90\%$

2)限界的调查与评估

调查掌握线路的车辆限界、设备限界、建筑限界等设计资料。在调查范围内,设置一定断面进行线路净空的量测,根据量测结果给出净空能承受的附加变形量。

3)线路的调查与检测

(1)平面曲率半径

调查线路类型,根据线路类型,确定线路平面的最小曲率半径。根据《地铁设计规范》(GB 50157—2013),最小曲率半径见表2-9。

线路最小曲率半径　　　　　　　　　　　　　　　　　　　　　表2-9

线　路	一般情况(m)	困难情况(m)
正线	300	250
辅助线	200	150
车场线	110	80

最小曲率半径可以根据下面公式确定：

$$R_{\min} = \frac{11.8V^2}{h_{\max} + h_{qy}}$$

式中：V——设计速度（km/h）；

$h_{\max}$——最大超高（mm）；

h_{qy}——允许欠超高（mm）。

可以结合设计曲率半径值，确定允许的结构平移量。

(2) 线路纵向坡度及竖曲线半径

调查原设计图纸及施工、竣工图纸，确定线路的实际纵坡值，给出纵向坡度产生的允许值。《地铁设计规范》（GB 50157—2013）对竖曲线半径的规定如表2-10所示。

线路竖曲线半径　　　　表2-10

线路类别		一般情况(m)	困难情况(m)
正线	区间	5000	3000
	车站端部	3000	2000
辅助线		2000	
车场线		2000	

调查原设计图纸及施工、竣工图纸，确定线路的实际竖曲率半径值，结合确定结构纵向沉降在一定范围内的允许值。

4）轨道

(1) 既有线路钢轨的调查

①调查内容

轨道结构是指路基面或结构面以上的线路部分，由钢轨、扣件、轨枕、道床等组成，包括走行轨和接触轨。由于施工扰动导致隧道结构变形，轨道结构最可能发生的变形是沉降，其次是倾斜、上抬和平移等，由于隧道结构与轨道道床结构之间没有连接，还有可能发生隧道结构底板与道床结构剥离，整体道床开裂的情况。

a. 调查钢轨的结构尺寸，钢轨基础使用状态，接头螺栓和螺母的强度等级。

b. 调查扣件状况。扣件是钢轨与轨枕的连接件，扣件刚度与轨下垫层刚度的良好配合是保证钢轨稳定的前提，要对扣件形式、刚度及使用状态进行调查。

②评估方法

计算轨道和扣件的刚度，用于以后参考；判定钢轨和扣件能否正常、共同工作。

(2) 轨道部件

查阅原设计图纸，了解道床结构形式、高度、道床混凝土强度等级、道床伸缩缝设置；扣件类型及与轨枕的连接方式等。

(3) 混凝土整体道床的检测与评估

①检测内容

a. 检测道床自身的裂缝分布、走向、长度、宽度及与轨枕的平、剖面关系。

b. 检测道床与结构洞体底板、边墙间裂缝的长度、宽度、深度及分布。
② 检测方法

根据现场情况,对道床表面裂缝(包括道床沟侧面和道床水平面部分)和道床底面与洞体结构间裂缝宽度、分布规律等进行检测。

a. 道床表面裂缝现状检测。检测方法可以采用量测法、超声波法和读数显微镜法等。

b. 道床底面与洞体结构间裂缝现状检测。道床底面与洞体结构间裂缝隐蔽,从外观很难对裂缝的宽度和分布进行精确的检测。检测方法可以采用道床沟底探测法、钻芯取样放水试验法和道床边缘敲击判断法。

③ 评估方法

a. 根据列车产生的水平力和竖向力,分析计算道床与结构之间的共同工作状态。

b. 根据资料调查情况及计算分析结果,对道床与结构洞体底板、边墙及轨枕间的共同工作现状进行评估。

c. 道床与洞体结构之间的共同工作性能分析应该从两方面进行,一方面根据目前裂缝状况进行道床与洞体之间的共同作用分析估算,确定目前状况下,道床与洞体结构能否共同工作,或是需进行加固;另一方面则针对裂缝在动态反复荷载作用下的发展进行分析,确定施工及列车运行期间的反复动载对于裂缝发展趋势的影响,对其影响程度进行分析和预测,根据实际情况考虑是否对道床底面与洞体之间进行加固。

d. 检测评估结论。给出道床表面裂缝产生的原因,结构不均匀下沉可能对道床裂缝产生的影响;道床底面与洞体结构间的裂缝产生的主要原因,洞体不均匀下沉对裂缝的影响;目前道床与洞体结构能否共同工作及需采取的措施;洞体下沉和列车动载作用下,对裂缝进行控制的措施。

(4)轨道高差与宽度的调查

单线两轨的高差与水平距离的变化将影响既有线路列车的安全运营。对两条轨道的高程、宽度及列车情况进行调查,确定两轨的允许高差值、允许的增宽值与减窄值。

5)防水结构

调查既有线路防水等级、防水措施、材料、结构。既有线路受施工影响,不能产生漏水。防水层的材料和结构形式决定了它承受外加影响的能力。

2.1.8 既有线路承载能力及变形能力的评估

对于具体的既有线路,应对其承载能力以及变形能力进行评估。

1)既有线路结构承载安全度的估算

根据既有结构建成年代,以及当时的《钢筋混凝土结构设计规范》进行既有结构承载安全度的估算。例如北京地铁2号线,结构设计遵循当时的《钢筋混凝土结构设计规范》(TJ 10—74),因此在核算车站结构承载能力的时候,也按照该规范进行验算。

若对北京地铁2号线承载安全度估算,应根据既有地铁结构的工程材料、结构尺寸及所配钢筋,按照《钢筋混凝土结构设计规范》(TJ 10—74)对结构横向、纵向承载力分别以裂缝控制、强度控制两种工况进行验算。根据检测和评估可确定既有地铁结构混凝土强度、配筋情况和钢筋强度。因此,在验算车站结构承载能力时,混凝土和钢筋按照检测到的实际强度取值。

结构内力计算结果显示,地铁结构横向主要承受弯矩和压力,属于偏心受压构件;而结构纵向也主要承受弯矩和轴力,但轴力有拉有压。因此,在反算结构横向各部位的承载能力时,可偏于安全地按纯弯构件考虑,表格模板见表2-11。反算结构纵向各部位的承载能力时,分别按纯弯构件及轴心受压构件考虑,表格模板见表2-12。

反算结构横向各部位的承载能力的表格模板 表2-11

结构部位			实配钢筋(m)	[M](kN·m)	
				按裂缝控制	按强度控制
顶板边跨	内侧(跨中)				
	外侧(角部)				
顶板中跨	内侧(跨中)				
	外侧(角部)				
侧墙	内侧(跨中)				
	外侧	上部			
		中部			
		下部			
底板边跨	内侧(跨中)				
	外侧(角部)				
底板中跨	内侧(跨中)				
	外侧(角部)				

反算结构纵向各部位的承载能力的表格模板 表2-12

结构部位		实配钢筋(m)	[M](kN·m)		[N](kN)
			按裂缝控制	按强度控制	按强度控制
顶板	内侧				
	外侧				
侧墙	内侧				
	外侧				
底板	内侧				
	外侧				

根据规范按裂缝控制验算时,最大裂缝宽度允许值取:迎土面0.2mm,非迎土面0.3mm。按强度控制验算时,强度设计安全系数取:受弯构件1.40,轴心受压构件1.55。

通过构件的裂缝和强度控制验算,可以得到构件各部位实际能承受的弯矩和轴心压力值,用于表示构件的承载能力。

2）既有线路结构的允许水平位移、沉降和差异沉降的估算

列车安全运营对线路平曲率、纵坡及纵曲率都有一定的要求，轨道、道床、结构共同工作，结构的变形决定了平曲率、纵坡及纵曲率的变化。根据允许变化值，确定结构的允许变形及差异沉降。

3）既有线路结构变形能力控制值

在施工影响下，既有结构的不均匀变形会使结构受力，只有变形规律确定，既有线路中产生的附加应力才能确定。根据对结构承载力的分析，评估结构抗变形的能力。

根据既有结构的实际变形情况及荷载情况确定结构安全度，可分为以下三步：

（1）如果既有线路运营过程中，没有受到施工或加载等因素产生的纵向不均匀荷载作用，通常结构纵轴线方向的沉降为整体下沉，结构构件中所受的力为初建时设计外荷载产生。根据荷载大小，通过横向和纵向的裂缝和强度检算，可以算出结构构件各部位的承载能力，并可算出结构的变形。

（2）当结构受施工影响或有纵向荷载不均匀时，结构会承受来自不均匀位移产生的附加荷载。将结构的位移转化成荷载输入，则可得到一定的位移在结构中产生的附加应力。

（3）将第1步与第2步中结构的内力相加，则得到结构的实际受力状态。

要判断既有地铁结构在受外部影响下内力状态是否安全，需要把计算出的既有结构内力与其自身承载能力作比较。如果结构内力没有超出承载能力的范围，那么结构是安全的；反之则不安全。应该分别就结构横向、纵向对二者进行比较。

结构的受力等于其承载能力，此时结构最大变形处的变形值即为该变形规律下既有结构的变形能力控制值，不能超过此变形值。

既有结构的变形能力除了受结构的承载能力控制之外，还受线路的限制，即既有结构的变形不能影响安全运营。在同时受二者控制情况下，以取小值为原则确定既有结构的允许变形。

4）轨道的允许高差、允许轨距增宽值与减窄值

根据线路运营要求，轨道间距和高差的变化必须控制在一定范围内，采用《地铁设计规范》（GB 50157—2013），结合设计要求，并通过对实际情况的检查，确定各项的允许值。

5）断面的允许净空变化

根据线路运营要求，断面的净空余量必须满足建筑和车辆限界等的要求，采用《地铁设计规范》（GB 50157—2013），结合设计要求，并通过对实际情况的检查，确定净空余量是否足够，并可通过部分构件的改移加大净空余量。

2.1.9 既有地铁结构的现状等级划分

既有地铁结构的现状等级应体现它目前的状态与设计状态的对比情况。由于既有地铁均在运营，能满足线路运营要求，现状评估等级主要根据既有地铁结构的承载能力来划分。从既有结构建成到运营至今，钢筋的配置情况不会发生变化，因此既有结构的承载能力的变化主要由钢筋和混凝土的强度变化及混凝土厚度的变化情况决定。由上可知，根据混凝土

的强度和厚度变化可将衬砌材料的劣化等级分为 A、B、C、D 四种；钢筋受腐蚀强度弱化，也可分为 A、B、C、D 四个等级。根据二者的结果，以较低等级为准，确定既有地铁结构的现状等级也为 A、B、C、D 四级。

2.1.10 地铁工程邻近既有地铁结构的风险等级划分

1）风险等级划分的目的
（1）为制订地铁施工时邻近既有地铁结构的控制标准及防护、加固措施提供依据。
（2）为地铁线路选择、地铁结构形式选择、施工方案选择等提供依据。

2）风险等级划分所依据的主要因素
（1）邻近地铁结构与新线地铁结构的空间位置关系。
（2）既有地铁结构抵抗附加荷载和变形能力。
（3）既有地铁结构的设计使用年限。
（4）既有地铁结构位置处的工程地质和水文地质条件。
（5）新线地铁结构的跨度和施工方法。

3）风险等级划分的程序
（1）根据既有地铁结构与新线地铁结构的相对位置关系进行分类。
（2）根据既有地铁结构的分类，结合与新线地铁的绝对位置关系，进行邻近施工环境安全分级。
（3）根据邻近施工环境安全等级确定评估等级，即既有地铁结构调查与评估的内容。
（4）对既有地铁结构的现状进行调查与评估，确定承载能力，划分现状等级。
（5）根据分类结果、环境安全等级及现状等级等，综合确定既有地铁结构的风险等级。
（6）综合考虑新线地铁结构的施工方法和跨度等因素，结合工程地质与水文地质情况修正风险分级。

4）既有地铁结构影响的风险等级划分
根据地铁结构的穿越方式、环境安全等级的划分，并结合既有地铁结构的现状评估等级，划分地铁施工对地铁结构影响的风险等级。

地铁施工对既有地铁结构影响的风险等级划分为特级、一级、二级、三级、无风险，风险等级分级见表 2-13。

风险等级分级　　　　　　　　　表 2-13

风险等级	环境安全风险级别	现状等级
特级	特级	A、B、C、D
	一级	A
一级	一级	B、C、D
	二级	A

续上表

风险等级	环境安全风险级别	现状等级
二级	二级	B、C、D
	三级	A
三级	三级	B、C、D
	无风险	A
无风险	无风险	B、C、D

进行既有地铁结构的风险分级时,可结合工程特点和环境特点,在充分调查研究及分析的基础上,可以把下一等级的风险工程项目按高一个等级进行安全风险管理。

2.1.11 评估报告

评估工作结束后应编写评估报告,评估报告包含以下内容:
(1)委托单位状况。
(2)既有线路概况。
(3)评估的目的。
(4)评估基本情况介绍。
(5)损坏原因分析。如果评估结果显示既有线路已有损坏,则给出损坏原因分析。
(6)给出部分可以得到的评估指标值,见附录3。
(7)处理意见。对于存在损坏或不利的情况,提出处理意见。
(8)评估结论。对既有线路情况进行总体评价,分析存在的问题及问题可能的发展趋势等。

既有线路现状评估(报告)表见表2-14,评估指标表见表2-15。

既有线路现状评估(报告)表 表2-14

报告编号:

一、委托单位/个人概况			
单位名称		电话	
既有线路地址		委托日期	
二、既有线路概况			
区间或车站		建造年份	
结构类型		线路形式	
结构基本尺寸		长 度	
备注:			
三、既有线路评估的目的			
四、评估情况			

续上表

五、损坏原因分析
六、评估指标（见表 2-15）
七、评估结论
八、处理意见
九、检测评估人员
十、评估单位技术负责人签章 评估人： 审核人： 审定人： <div align="right">评估单位 （公章） 评估日期： 年 月 日</div>

评 估 指 标 表　　　　　表 2-15

评 估 指 标	部位或构件	指标值或措施		
限界允许变形量	断面 1			
	断面 2			
纵曲率允许变化量				
横曲率允许变化量				
渗漏水				
道床与结构共同工作				
轨道与道床的共同工作				
两轨允许高差				
轨距允许增宽				
轨距允许减窄				
允许差异沉降量	变形缝处			
第三轨允许变形		轨距增宽	轨距减窄	两轨高差
重要管线的允许变形		允许接头差异沉降		允许接头转角

2.2 既有线路风险调查与评估实例

以 2004—2005 年新建的北京地铁 5 号线崇文门站（穿越既有 2 号线崇文门站）为例，介绍既有线路风险调查与评估过程。

2.2.1 施工前评估

为全面了解既有线路的情况，施工前对影响范围内的既有线路进行了较为详细的调查和现状评估，主要内容及分析如下：

（1）既有线路隧道结构建造于 1968 年，为 C30 钢筋混凝土方形框架结构，底板和侧墙厚度为 0.7 m，顶板厚度 0.8m，单个隧道断面尺寸为 5.9m×5.9m，每 18m 设置一条变形缝。下穿施工中变形缝易发生差异沉降，产生错动。既有线路修建中，结构底部进行了大量回填，施工中应予以重视。

混凝土强度（表 2-16、表 2-17）、碳化深度（表 2-18）及钢筋保护层厚度（表 2-19）、芯样的 Cl^- 含量（表 2-20）和碱含量（表 2-21）均满足原设计要求或规范规定的限值要求；钢筋经检测未锈蚀；部分混凝土表面出现蜂窝麻面现象，混凝土裂缝多为竖向裂缝，裂缝主要呈中间宽两端细、上端细下端宽两种形态。裂缝宽度在 0.1～1mm 之间。结合结构工作环境、裂缝形态及走向，推测裂缝为环境温差引起的混凝土胀缩造成的。

混凝土强度回弹测试结果　　　　　　　表 2-16

序　号	检测单元	回弹部位	混凝土强度评定值（MPa）	设计强度等级	备　注
1	内环单元	K216+22～K216+32 南侧	36.3	C28（300 号）	基本满足原设计要求
2		K216+32～K216+42 北侧	38.4		
3		K216+42～K216+52 南侧	36.3		
4		K216+52～K216+62 北侧	28.2		
5		K216+62～K216+72 南侧	27.6		
6		K216+72～K216+82 北侧	35.4		
7		K216+82～K216+92 南侧	34.7		
8		K216+92～K217+02 北侧	32.5		
9		K217+02～K217+12 南侧	34.5		
10		K217+12～K217+22 北侧	37.1		
11		K216+42～K216+52 顶板	35.4		
12		K217+02～K217+12 顶板	30.1		

续上表

序　号	检测单元	回弹部位	混凝土强度评定值（MPa）	设计强度等级	备　注
13	外环单元	K216+22～K216+32 南侧	39.7	C28（300 号）	基本满足原设计要求
14		K216+32～K216+42 北侧	29.5		
15		K216+42～K216+52 南侧	27.5		
16		K216+52～K216+62 北侧	28.4		
17		K216+62～K216+72 南侧	37.9		
18		K216+72～K216+82 北侧	28.9		
19		K216+82～K216+92 南侧	32.7		
20		K216+92～K217+02 北侧	28.6		
21		K217+02～K217+12 南侧	29.3		
22		K217+12～K217+22 北侧	31.0		
23		K216+42～K216+52 顶板	28.7		
24		K216+72～K216+82 顶板	30.5		

混凝土芯样抗压强度试验结果　　　　　　　　　　表 2-17

芯样编号	检测单元	取芯部位	试验结果（MPa）
1 号芯样	内环检测单元	K216+22～K216+32（内环、北侧）	33.8
2 号芯样		K216+62～K216+72（内环、北侧）	26.0
3 号芯样		K217+02～K217+12（内环、北侧）	33.6
4 号芯样		K216+32～K216+42（内环、南侧）	39.0
5 号芯样		K216+62～K216+72（内环、南侧）	58.5
6 号芯样		K216+92～K217+02（内环、南侧）	38.2
7 号芯样	外环检测单元	K216+22～K216+32（外环、北侧）	36.8
8 号芯样		K216+62～K216+72（外环、北侧）	41.6
9 号芯样		K217+02～K217+12（外环、北侧）	35.1
10 号芯样		K216+32～K216+42（外环、南侧）	32.5
11 号芯样		K216+72～K216+82（外环、南侧）	36.4
12 号芯样		K217+12～K217+22（外环、南侧）	39.5

混凝土碳化深度测试结果　　　　　　　　　　表 2-18

编　号	检测单元	取芯部位	碳化深度（mm）			
			测试值			平均值
1	内环单元	K216+22～K216+32（内环、北侧）	26	30	22	26
2		K216+62～K216+72（内环、北侧）	31	24	19	25
3		K217+02～K217+12（内环、北侧）	40	25	35	37
4		K216+32～K216+42（内环、南侧）	27	27	22	25
5		K216+62～K216+72（内环、南侧）	19	29	32	26
6		K216+92～K217+02（内环、南侧）	19	19	24	20
7	外环单元	K216+22～K216+32（外环、北侧）	22	18	24	21
8		K216+62～K216+72（外环、北侧）	27	30	30	29
9		K217+02～K217+12（外环、北侧）	18	21	30	23
10		K216+32～K216+42（外环、南侧）	42	44	46	44
11		K216+72～K216+82（外环、南侧）	32	37	40	36
12		K217+12～K217+22（外环、南侧）	19	21	39	26

钢筋保护层厚度测试结果 表2-19

序号	检测单元	测区位置	方向	保护层测试结果（mm）			平均值
				测试值			
1	内环单元	K216+22~K216+32 北侧	水平	69	71	85	75
			竖向	76	79	80	78
2		K216+62~K216+72 北侧	水平	51	55	56	54
			竖向	55	55	56	55
3		K217+02~K217+12 北侧	水平	51	56	58	55
			竖向	62	67	68	66
4		K216+32~K216+42 南侧	水平	55	58	62	58
			竖向	62	63	71	65
5		K216+62~K216+72 南侧	水平	66	67	67	67
			竖向	66	68	78	71
6		K216+92~K217+02 北侧	水平	49	56	47	51
			竖向	45	58	64	56
7		K216+52~K216+62 顶板	横向	37	37	39	38
			纵向	33	37	47	39
8		K216+92~K217+02 顶板	横向	39	41	43	41
			纵向	33	37	41	37
9	外环单元	K216+22~K216+32 北侧	水平	60	60	58	59
			竖向	64	60	71	65
10		K216+62~K216+72 北侧	水平	55	56	56	56
			竖向	56	56	60	57
11		K217+02~K217+12 北侧	水平	58	58	66	61
			竖向	59	59	66	61
12		K216+32~K216+42 南侧	水平	50	53	59	54
			竖向	53	50	49	51
13		K216+72~K216+82 南侧	水平	68	69	72	70
			竖向	69	71	73	71
14		K217+12~K217+22 北侧	水平	69	72	80	74
			竖向	68	69	76	71
15		K216+72~K216+82 顶板	横向	35	43	47	42
			纵向	34	35	37	35
16		K217+02~K217+12 顶板	横向	41	43	43	43
			纵向	37	43	43	41

Cl^-含量测试报告 表2-20

序号	检测单元	芯样编号	Cl^-含量（%）
1	内环单元	5号芯样	0.0138
2	外环单元	9号芯样	0.0222

碱含量测试分析结果 表2-21

序 号	检测单元	芯样编号	碱含量（kg/m³）
1	内环单元	5号芯样	1.368
2	外环单元	9号芯样	1.690

（2）道床为素混凝土结构，二次浇筑在隧道结构上，浇筑面仅凿毛处理，未采用其他锚固措施。下穿施工中，道床与隧道结构可能会脱开，道床易产生裂缝、碎裂。预制混凝土轨枕整体浇筑在道床中，轨枕与道床之间有钢筋锚固连接。扣件为弹性分开式DT I 型扣件，可以通过加垫片抬高钢轨（50kg/m），最大垫高为20mm。

（3）根据对限界的量测，部分断面高度方向的净空余量低于40mm，可通过改移隧道顶部的漏泄电缆以增加净空余量。

（4）穿越影响范围的既有线路结构位于 $R=350$m 的曲线上，轨道最大超高为120mm。此段既有线路为离站加速段和到站减速制动段，列车在钢轨中产生的水平力较大，应采用轨距拉杆、护轨等予以防护。

2.2.2 施工中评估

北京2号线地铁建于20世纪60年代，结构洞体为现浇钢筋混凝土结构，道床为现浇素混凝土结构，轨枕为钢筋混凝土预制件；结构洞体混凝土和道床混凝土强度等级均为C28（300号），结构洞体混凝土与道床混凝土之间为二次浇筑，浇筑面采取凿毛处理，未采用其他锚固措施，预制混凝土轨枕与道床整体浇筑在素混凝土道床中，且轨枕与道床之间有钢筋锚固连接。

地铁5号线崇文门站采用浅埋暗挖法施工，于2004年2月开始施工，截至2005年1月，新线车站施工导致既有结构最大沉降达30.9mm，经观测，既有结构中道床与结构间产生裂缝，为保证道床的正常工作和运营安全，甲方委托国家工业建筑诊断与改造工程技术研究中心对地铁5号线下穿2号线地铁崇文门站既有结构、隧道限界和道床进行了系统的检测与评估。评估结果如下：

1）既有结构现状及处理措施

对结构的检测表明，结构边墙与顶板的裂缝有所加宽，其增大幅度为0.1～0.7mm，结构自身开裂情况较为严重，裂缝宽度多为0.3～0.7mm，个别裂缝较宽处达到1.3～1.7mm，裂缝多为环向。在车站施工过程中，监测单位对裂缝的发展和变化进行了实时监测，根据监测结果和结构安全评估要求，可以在车站的施工过程中以及施工完成后对结构的裂缝进行补强处理。

对于一些对结构的使用和强度有影响的裂缝要及时进行处理，处理措施如下：

（1）首先组织权威部门评估裂缝对于结构的耐久性和强度的影响程度。

（2）根据评估结果采取相应的处理措施，对于一般的结构裂缝采用注环氧树脂填充的措施进行处理;对于对结构耐久性和强度影响较大的裂缝除采用环氧树脂填充外,还要根据需要采取措施对结构进行补强处理。

①裂缝处理材料

为了确保既有线路结构的整体性及耐久性,对裂缝进行化学灌浆处理。灌浆材料采用环氧糠酮浆液,它由5种组分混合而成,主剂为环氧树脂、糠酮,稀释剂用丙酮、二甲苯,固化剂为乙二胺,促凝剂为苯酚、间苯二酚。浆液固化时间为24~48h,凝固后抗压强度为50~80MPa,抗拉强度为8~16MPa,黏结强度为1.9~2.8MPa。

②施工工艺

灌浆工艺流程:清缝→埋灌浆口→封缝→试漏→灌浆→保压硬化。

a. 清缝:用丙酮或无水酒精擦洗混凝土裂缝表面,用皮鼓清缝。

b. 埋灌浆口:用封缝胶沿裂缝走向粘贴灌浆口,间距25~50cm。

c. 封缝:用无机封缝胶封闭裂缝表面。

d. 试漏:3h后,在封缝表面涂抹清洁精,用气泵供压,压力0.3~0.8MPa,接通灌浆口后,检查封缝是否漏气以及相邻灌浆口是否连通。

e. 灌浆:采用灌浆机对灌浆口由下向上进行灌浆,灌浆压力在0.3MPa左右,维持压力10min,并保持稳定,直至相邻灌浆口出浆。

f. 封口保压:灌浆完毕,立刻封闭灌浆口,以保持裂缝内的浆液压力,增加浆液的渗透性,使浆液充满裂缝直至硬化。

③效果检验

裂缝灌浆处理完成后,可采用钻孔取芯的手段对裂缝灌浆处理效果进行检验。

2)隧道限界的量测结果

隧道限界的量测结果见表2-22和表2-23。

既有2号线崇文门站东端右线(外环)净空量测结果　　表2-22

序　号	里程	垫轨线路中心线距顶板高度(mm)			左轨高(mm)	右轨高(mm)	备　注
		左	中	右			
1	K216+30	3900	3877	3880	-50	50	缓圆点
2	K216+49.6	3799	3861	3875	-47	47	边坡点,漫坑起点
3	K216+65	3865	3856	3864	-25	25	结构缝二西2m
4	K216+69	3845	3846	3838	-20	20	结构缝二东2m
5	K216+70	3837	3848	3835	-19	19	沉降最大处
6	K216+80	3858	3860	3836	-4	4	上拱最大处
7	K216+83	3842	3834	3836	-2	2	结构缝一西2m
8	K216+87	3842	3858	3852	1	-1	结构缝一东2m
9	K216+90	3861	3867	3881	-1	1	满坑起点
10	K217+00	3843	3862	3867	-4	4	直缓点

注:表中所列的净空值为顶板相对于所测断面处左、右轨高程平均面的垂直距离。

既有 2 号线崇文门站东端左线（内环）净空量测结果　　　表 2-23

序号	里程	垫轨线路中心线距顶板高度(mm)			左轨高(mm)	右轨高(mm)	备注
		左	中	右			
1	K216+40	3869	3866	3858	-3	3	缓圆点
2	K216+49.6	3889	3876	3884	-9	9	边坡点,漫坑起点
3	K216+64	3895	3888	3877	-22	22	结构缝二西 2m
4	K216+68	3888	3888	3876	-23	23	结构缝二东 2m
5	K216+70	3893	3887	3870	-25	25	沉降最大处
6	K216+80	3890	3896	3874	-33	33	上拱最大处
7	K216+82	3878	3873	3872	-36	36	结构缝一西 2m
8	K216+86	3867	3855	3851	-39	39	结构缝一东 2m
9	K216+90	3872	3864	3865	-41	41	满坑起点
10	K217+00	3878	3867	3878	-51	51	

注：表中所列的净空值为顶板相对于所测断面处左、右轨高程平均面的垂直距离。

表 2-22 和表 2-23 反映的是 2005 年 1 月 25 日测得的既有隧道结构净空值，既有线路机车高度（轨面到车顶距离）为 3.51m，综合表中数据可见，尽管新线施工引起了既有线路的沉降，但既有隧道净空仍有足够的余量。

3）道床的检测与评估

对道床的检测内容主要包括：道床表面裂缝现状检测、道床底面与洞体结构间裂缝现状检测和道床与洞体结构共同作用分析。

评估结果认为：

（1）道床表面裂缝主要由于道床混凝土因温差胀缩引起，洞体结构不均匀下沉对道床表面裂缝也产生了局部不利影响。

（2）道床底面与洞体结构间的裂缝主要集中在 5 号线下穿通过区域，在靠近变形缝附加区域裂缝基本贯通。裂缝产生的主要原因是：受轨道约束作用影响，在洞体下沉变形情况下道床与洞体沉降不同步引起的。

（3）对道床与洞体结构的共同工作分析表明，在目前道床裂缝分布状况并经灌浆处理后，道床与洞体结构之间能够共同工作。

（4）在后续施工和列车动载的影响下，道床裂缝可能会进一步发展并产生新的裂缝，需要定期检查。

2.3 新建地铁下穿既有线路安全防护

新建地铁采用何种方式穿越既有线路，取决于水文地质和工程地质条件、周边地形的与构（建）筑物、地下管线等诸多因素。在设计和施工中，往往需要采取相应的辅助施工方法，以防止由于新建地铁施工对既有线路带来的不利影响。同时,还应对既有线路的结构现状做全面、系统、深入的调查评估,这是保证既有线路运营安全的重要措施,也是评定穿越既有线路施工技术措施及控制标准是否安全可靠的重要依据。穿越既有线路所面临的主要技术难题是在隧道开挖过程中确保既有线路的行车安全。

事实上,新建地铁施工与既有地铁结构之间是相互影响的,既有结构的存在影响到新建工程的施工作业和安全风险控制;而新建地铁施工则又必然对既有结构产生影响甚至影响安全。因此,在新建地铁施工中不仅要保证工程结构自身的安全,同时还要保证不致对既有结构造成破坏性的影响进而危及运营安全。因此,新建地铁施工与既有结构安全性保护构成了难以协调的矛盾体。这一矛盾体正是新建地铁隧道穿越既有线路施工的主要技术难题。

新建地铁隧道穿越既有线路施工,对既有结构造成影响,严重时可能造成既有结构的破坏和部分使用功能的丧失,进一步危及运营安全。结构损坏(广义上安全或部分功能的丧失)发生的充要条件是:新建工程施工的附加影响已经超过既有结构的承受能力(如承受变形的极限能力等),因此,必须对既有结构采取相应的保护措施。

1)保护既有结构不发生超过容许范围变形或破坏的措施

主要分为两个方面:

(1)减小施工影响

从施工工艺工法、施工装备选型与使用、机械设备作业、施工进度安排、季节性施工安全等方面综合考虑确定施工技术方案与措施,力求减小施工对既有结构造成附加影响,使其不超过结构的容许强度与变形限值。

(2)加固既有结构

采取承托、下覆土体注浆等措施加固既有结构,提高其抵抗变形的能力,增强下覆土体和既有结构的承载能力,从而保证既有结构不发生超过容许范围变形或破坏。

2)新建地铁下穿既有线路工程技术要点

在施工过程中,所有保护方案与技术措施的制订也都是围绕这两个方面进行的。因此,新建地铁穿越既有线路工程的技术要点可归纳为:

(1)既有结构的安全性评价,给出控制指标和标准。

(2)制订合理有效的技术措施,尽量减小附加变形对既有结构的影响。

(3)技术方案和技术措施的实施要到位,落到实处。

(4)监控量测、信息反馈及过程控制。

(5)工后评估和恢复措施的制订与实施。

第 3 章

既有线路变形控制

Key Construction Technology of Underground
Excavation for Subway Crossing Existing Lines

Key Construction Technology of Underground
Excavation for Subway Crossing Existing Lines

3.1 既有地铁结构变形及其控制体系

根据已有类似工程资料的调查、分析以及本次的工程实践,我们认识到在穿越既有线路施工中,面临的主要问题是施工对既有结构的影响以及近距离施工时的相互影响。如何把这种影响减小到最低限度,是近距离地铁结构施工的核心问题。浅埋暗挖新线施工对既有线路的影响,是开挖产生地层扰动引起的,地层扰动传播到既有线路,发生与结构的相互作用。该种作用对于既有线路的影响不能超过既有线路的稳定与使用功能极限。因此,实现施工过程中既有线路安全的前提是认识既有线路结构随新线开挖的沉降、变形规律以及应力、应变分布规律,以便采取相应技术措施,如施工前既有结构的加固;施工中强化新建结构施工支护措施、既有结构监测与控制、加固地层、结构控制效果的监测、评价与调整;施工后既有结构的恢复与加固等措施,保证既有线路所受影响不超过其承受能力。

结合以上分析,并考虑近距离地铁结构施工的不同穿越方式(上穿、下穿和侧穿),从近距离地铁结构施工相互影响的实质及对该种影响的控制技术出发,可以采用地铁施工引起既有地铁结构变形及其控制体系,如图3-1所示。

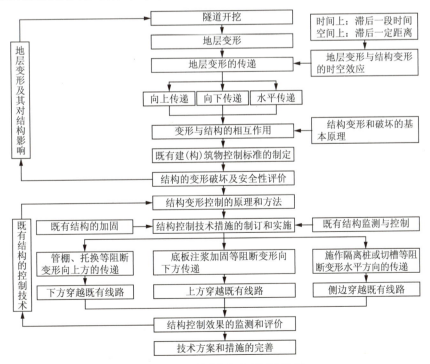

图3-1 既有地铁结构变形及其控制体系

3.2 既有线路主要变形控制指标与控制标准

近距离穿越既有运营地铁线路隧道,其首要管理目标是保证既有线路的使用安全。为了达到这一目标,必须首先界定出安全运营所需的既有线路各种指标的控制值,即控制标准。之后,才能在施工中,以此为标尺,对各施工步序进行有效管理。换言之,不管在施工过程中采用什么方法,使用何种工艺,只要各项控制指标符合预先制订的控制标准,就可以保证既有线路的安全使用。所以,既有线路安全管理的第一步就是制订出既有线路正常运营的控制指标和相应的控制值。

3.2.1 制订的原则

为了保证既有地铁结构和运营的安全,新建地铁工程的施工过程中,必须保证一些指标不超过标准。这些指标不仅能表明结构的安全与否,在施工过程中还要容易监测,而且它的变化与施工阶段的关系紧密,这些指标可称为控制指标。为了既有线路安全,控制指标的极限允许值为控制标准。因此,制订既有线路控制标准是进行施工设计的第一步。

制订控制标准一般应参照以下原则:

(1)控制标准值必须在监控量测工作实施前,由建设、设计、监理、施工、市政、监控量测等有关单位,根据当地水文地质、地下地上结构特点共同商定,列入监控量测方案。

(2)近距穿越既有隧道工程,应该从轨道变形、隧道结构稳定、建筑限界三个方面制订相应的控制指标及控制标准值,以确保既有线路的安全运营。

(3)制订控制指标和标准时,新建隧道的建设单位应与既有线路的所有者或运营单位共同完成,制订好的控制指标和标准应得到运营单位的认可。

(4)控制标准的制订应参照相关标准、类似工程,并根据现状评估结果和影响预测分析综合确定。

(5)轨道变形以不超过轨道管理基准值为基准。

(6)隧道结构稳定性评价。严格进行隧道结构稳定性评价,在技术上是很难的,目前可参照相关规范进行:

①结构裂缝可根据《地铁设计规范》(GB 50157—2013)中最大裂缝宽度允许取值:迎土面 0.2mm,非迎土面 0.3mm。

②结构强度验算时应按既有线路设计时参照的规范进行验算。如北京地铁 2 号线,结构设计遵循当时的《钢筋混凝土结构设计规范》(TJ 10—74),因此在核算车站结构承载

能力的时候,也按照该规范进行验算。强度设计安全系数为:受弯构件取 1.40,轴心受压构件取 1.55。

(7)建筑限界以不侵入规定的建筑限界为基准。

(8)考虑到隧道结构和道床之间的变形不协调,可能产生脱离,应规定相应的标准。隧道结构如有变形缝的存在,可能会对轨道结构、防水产生不利影响,应规定相应的控制标准。

(9)对于变形控制指标不仅要重视其绝对值,还要重视变形的速率值。

(10)控制标准值应具有工程施工可行性,在满足安全的前提下,应考虑提高施工速度和减少施工费用。

(11)控制标准值应有利于补充和完善现行的相关设计、施工法规、规范和规程。

3.2.2 控制指标的确定

由于围岩及结构内部应力量测目前尚不具备制订控制标准的条件,而净空位移量测值在一定程度上反映了支护结构的受力特点。围岩及结构内部应力(位移)状态可据净空位移值通过数值计算等方法间接加以确定,故不对围岩及支护结构内部应力(位移)量测进行施工控制管理。在既有线路这个大的结构系统中,位移包括既有线路结构位移、道床位移和轨道位移。轨道结构允许变形制约既有线路允许位移,而通过结构计算可以根据既有线路结构位移确定道床与轨道结构位移,因此确定将结构位移作为控制指标。

轨道结构变形允许值包括变形速率和累计变形允许值。

变形速率,即日变形允许值,就是允许轨道结构每天在地铁运营时段内发生的变形值。结合《北京地铁工务维修规则》[QB(J)/BDY(A)XL003—2009] 中规定的正线轨道静态几何尺寸的精度要求,轨道结构日允许值见表 3-1,表中结构沉降差表示结构沉降缝两端轨道结构的日沉降差允许值。

轨道结构变形的预警值、允许值及处理措施(单位:mm)　　表 3-1

变形类别		沉降	上拱	平移	沉降差	道床开裂	处理措施
预警值	每日	3	3	1	2	0.5	限速 10km/h,加强观测
	累计	30	30	4	—	1	停止施工,查原因,排隐患
允许值	每日	4	4	2	3	0.5	临时停运抢修,从施工中查原因
	累计	40	40	6	—	1	启用应急防护方案

累积变形允许值就是通过增加扣件零部件种类和加厚铁垫板等方法使钢轨方向和轨面标高基本复原的轨道结构变形累积值。

对于扣件类型为弹性分开式 DTI 型扣件,根据扣件的特点,轨道结构竖直方向变形累计允许值为 ±40mm;轨道结构水平方向变形累计值允许值为 ±6mm。从轨道专业的角度,轨道累计沉降的预警值取 5 号线崇文门站施工预计可以控制的沉降值 30mm;轨道结构水平方向累计变形预警值取 ±4mm。

对于接触轨混凝土底座直接固定在整体道床上的情况,只要保证接触轨和走行轨的相对位置不变,就可以确保受流器可靠受流。但因隧道结构和轨道结构之间没有连接,还有可能发生隧道结构底版与道床结构剥离,整体道床开裂后不能保证接触轨与走行轨的相对位置不变。目前接触轨的受流方式为上部受流方式,接触轨的支架或绝缘子没行调节高度的能力,只有通过加厚垫板和更换绝缘子等方法,调整接触轨与走行轨垂直方向的相对位置。接触轨与走行轨水平方向的相对位置,可以靠调整接触轨绝缘子的相对位置来实现,调整量在 8mm 以内。

接触轨绝缘子的作用是在所有运行环境条件下把接触轨和大地绝缘开来,同时它也起到了对接触轨进行支撑和定位的作用。现在线路上使用的 3000V 绝缘子的设计抗弯强度不小于 8kN。结构沉降时,随着结构沉降幅度的增大,绝缘子受到的拉力会使绝缘子受损。

结构沉降时接触轨和走行轨相对位置变化的允许值规定如下。对于采用接触轨受电的形式,根据车辆技术规格书要求:接触轨中心线距相邻走行轨内侧的距离为 700mm,距线路中心线的水平距离 1417.5mm,运营后误差为 ±8mm。接触轨顶面至走行轨顶面的距离为 140mm,误差为 ±6mm。膨胀接头处平整度为 1mm。超过允许值时,需启动调制方案以保证列车安全运行。

根据各种穿越方式的受影响特点、各个指标与施工阶段和其他指标的相关程度、施工中的可操作性,建议在既有线路穿越工程中采用既有地铁结构底板沉降量(隆起量)和沉降速率(隆起速率)作为控制指标。

3.2.3 总控制标准值的确定

当前控制标准的拟订仍只能在经验和统计的基础上加以制订。控制标准的确定主要依据实测统计资料、施工经验及常规隧道标准给出。标准以允许变形值为上限,同时应该考虑变形持续的特点,并本着严格管理、给控制措施留出时间(余量)的原则给出。

在既有线路为地铁线路的情况下,对于既有线路的监测和管理不仅包括轨道,还有既有隧道结构。对于既有线路的管理包括变形与受力两个方面。

受土体沉降的影响,隧道结构会发生不均匀沉降、扭转,产生变形。作为一个整体,隧道结构会带动道床与轨道一起发生变形。所以,当既有线路为地铁线路时,应研究轨道、道床与结构间的变形关系,根据轨道、道床的控制标准,计算出对既有结构变位的控制标准值。对于受力结构的管理,应先对既有结构现状作出评估,了解混凝土剩余强度、既有裂缝开裂程度、钢筋的锈蚀情况等,在此基础上建立既有结构力学模型,分析土体沉降对既有结构产生的附加应力状态。预测既有结构可能的破坏情况,进而决定是否采取加固措施,最后给出基于强度的结构变形控制标准。与基于既有轨道、道床变形管理的结构变形标准相统一,得出兼顾既有线路轨道、道床变形和既有隧道结构强度的既有线路变形控制标准。在考虑以上因素的基础上,还应兼顾施工工艺的可行性及工程的安全性综合制订控制标准。

综合来说,应该根据调查情况、影响预测分析、类似工程经验、工程要求综合制订控制标准。

控制标准确定的步骤通常可分为以下四步：

(1) 按照拟订或可能的隧道施工方法，将施工对结构的附加影响分为不同的模式和类型，包括在结构中的变形量及其分布规律。

(2) 将不同的变形量及其分布形式施加到相应的结构上，根据结构的响应状况，在变形累计递增的过程中找出结构发生破坏的临界值，即给出相应模式下的广义变形极限值。

(3) 针对不同指标，按照小值优先的原则，给出破坏极限值，考虑一定的安全储备系数后即为控制标准。

(4) 结合类似工程经验、工程的特殊要求等调整控制标准，得出控制标准的最终值。

北京市轨道交通建设管理有限公司、北京交通大学和中铁隧道局集团有限公司联合研究制订的崇文门站下穿既有线路变形控制指标及标准见表3-2，东单站上穿既有线路变形控制指标及控制标准见表3-3。

崇文门站轨道结构变形预警值和标准值（单位：mm） 表3-2

变形类别		沉降	平移	沉降差	道床开裂	隧道结构与道床脱离
预警值	每日	3	1	2	0.5	1
	累计	30	4	6	1	3
标准值	每日	4	2	3	0.5	2
	累计	40	6	10	1	5

东单站地表及轨道变形预警值和标准值（单位：mm） 表3-3

变形类别		上拱	平移	沉降差	道床开裂	隧道结构与道床脱离
预警值	每日	3	1	2	0.5	1
	累计	18	4	6	1	3
标准值	每日	4	2	3	0.5	2
	累计	20	6	10	1	5

3.2.4 既有结构分步变形控制标准曲线的设计

1) 初步拟订施工方案

根据工程勘察结果和既有线路检测成果，在充分掌握工程条件和既有线路变位的控制标准的基础上，本着分步开挖、严控变形的原则，在广泛收集类似工程经验的基础上，初步确定施工方案。

2) 施工方案优化

采用理论或数值计算方法，以一些控制指标为依据，将初步拟订的施工方案进行对比分析，最优方案应该使施工完成后某些重要关注的控制指标值达到最优，比如既有结构最大沉降、变形缝差异沉降等。根据计算情况并结合变形控制标准给出如下施工方案优选指标：

(1) 结构最大累计沉降量。

(2)沉降缝两侧结构差异沉降。

(3)既有结构两侧差异沉降。该指标反映了既有结构在横向的转动,它间接地决定两轨道的差异沉降。

(4)土体沉降槽形态特征。取既有结构底高程所处的土体沉降槽,对比施工造成的沉降槽形态特征。

(5)土体塑性区分布。

3)既有结构分步变形控制标准曲线的设计

通过对既定施工方案的分析,得到各分步施工导致的沉降量和累计沉降量及其各自在总预计沉降量中所占比例。根据分步施工累计沉降比例,分别乘以既有结构分级管理的沉降控制值,便得到分步施工沉降控制标准。将分步施工沉降预测值与各分步施工沉降控制标准绘制成曲线图,便得到既有结构累计沉降量的设计曲线和分步施工沉降控制标准曲线。

以崇文门站为例,崇文门站实行预警和报警两级管理,得到分步施工沉降控制标准,见表3-4;既有结构累计沉降量的设计曲线和分步施工沉降控制标准曲线见图3-2。

既有结构分步沉降预测值与控制标准　　　　　表3-4

序号	施工步序	累计沉降预测值(mm)	累计相对沉降(%)	分步沉降(mm)	分步相对沉降(%)	分步沉降报警值(mm)	分步沉降允许值(mm)
0	开始施工	0.00	0.00	0.00	0.00	0.00	0.00
1	中洞管棚施工	-2.40	7.20	-2.40	13.61	-2.15	-2.86
2	挖衬左下导洞	-6.80	20.30	-4.40	11.98	-6.08	-8.11
3	挖衬左上导洞	-13.28	39.60	-6.48	17.64	-11.88	-15.84
4	挖衬右下导洞	-16.53	49.30	-3.25	8.85	-14.79	-19.71
5	挖衬右上导洞	-19.37	57.80	-2.84	7.73	-17.33	-23.10
6	中洞施作梁柱	-20.58	61.40	-1.21	3.29	-18.41	-24.54
7	挖衬中洞顶层	-22.31	66.50	-1.73	4.71	-19.96	-26.61
8	中洞顶层二次衬砌	-23.49	70.00	-1.18	3.21	-21.01	-28.01
9	侧洞管棚施工	-26.89	80.20	-3.40	10.89	-24.05	-32.07
10	侧洞支撑	-27.96	83.40	-1.07	2.91	-25.01	-33.35
11	挖衬侧洞顶层	-28.88	86.10	-0.92	2.50	-25.83	-34.44
12	挖衬侧洞中层	-30.62	91.30	-1.74	4.74	-27.39	-36.52
13	挖衬侧洞底层	-31.75	94.70	-1.13	3.08	-28.40	-37.87
14	挖衬中洞中层	-31.85	95.00	-0.10	0.27	-28.49	-37.98
15	挖衬中洞底层	-31.96	95.30	-0.11	0.30	-28.59	-38.12
16	中洞底层二次衬砌	-32.01	95.40	-0.05	0.14	-28.63	-38.18
17	侧洞拆撑	-33.03	98.50	-1.02	2.78	-29.54	-39.39
18	侧洞二次衬砌	-33.54	100.0	-0.51	1.39	-30.00	-40.00

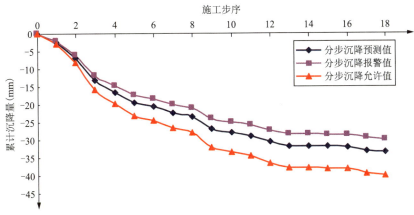

图 3-2 既有结构分步沉降控制标准曲线图

4）分级管理

对于确定的施工方案，通过影响预测分析，确定不同施工阶段引起既有地铁结构变形的比例关系，将既有地铁的施工控制标准在不同施工阶段之间按比例分配，确定每一典型施工阶段的控制标准增量。基于阶段控制标准增量，对各个施工阶段进行管理阶段划分，见表 3-5。

管理阶段划分　　　　　　　　　表 3-5

管理阶段	管理值 G＝控制指标值/控制标准值	施工状态
Ⅲ	$G \leqslant 0.6$	正常施工
Ⅱ	$0.6 < G \leqslant 0.8$	加强监测
Ⅰ	$0.8 < G \leqslant 1.0$	加强监测并采取相应措施

制订应急措施。如果某一施工阶段的控制指标超标，则调整或加强后续施工措施，保证控制指标总量不超标。

3.2.5 关于控制指标和标准值的讨论

根据既有结构受新线施工影响规律的研究分析，建议将位移作为控制指标。在既有线路这个大的结构系统中，位移包括既有线路结构位移、道床位移和轨道位移。通过结构计算可以根据既有线路结构位移确定道床与轨道位移，因此确定将结构位移作为主要控制指标。

最终变形值无疑控制着结构的安全，但有时在结构施工过程中，位移还没有达到控制标准值，但位移的过快发生，即位移速率过大，已经预示出结构的不安全。所以综合分析，根据各种穿越方式的受影响特点、各个指标与施工阶段和其他指标的相关程度、施工中可操作性，建议在既有线路穿越工程中采用既有地铁结构底板沉降量（隆起量）和沉降速率（隆起速率）作为主要控制指标。对于沉降差及道床开裂等也是预示既有结构安全的指标，可以作为辅助指标。

综合来说，应该根据调查情况、影响预测分析、类似工程经验、工程要求综合制订控制标准。

控制标准确定的步骤通常可分为以下四步：

（1）按照拟订或可能的隧道施工方法，将施工对结构的附加影响分为不同的模式和类型，包括在结构中的变形量及其分布规律。

（2）将不同的变形量及其分布形式施加到相应的结构上，根据结构的响应状况，在累计变形递增的过程中找出结构发生破坏的临界值，即给出相应模式下的广义变形极限值。

（3）针对不同指标，按照小值优先的原则，给出破坏极限值，考虑一定的安全储备系数后即为控制标准。

（4）结合类似工程经验、工程的特殊要求等调整控制标准，得出控制标准的最终值。

在穿越既有线路工程中，需要初步拟订施工方案，对于确定的控制标准值，进行施工方法的优化，确定最优施工方法。通过对既定施工方案的分析，得到各分步施工导致的对于控制指标影响值的大小，及其各自在总控制标准中所占比例。根据分步施工累计影响比例，分别乘以既有结构分级管理的控制值，便得到分步施工控制指标的控制标准，以此对新建线路施工进行变形分步控制。基于各个阶段控制标准增量，可以对各个施工阶段进行管理阶段划分，进行分级管理。

第 4 章

主体施工方案优化与比选方法

Key Construction Technology of Underground
Excavation for Subway Crossing Existing Lines

Key Construction Technology of Underground
Excavation for Subway Crossing Existing Lines

4.1 施工方案比选指标的确定

由于暗挖车站开挖断面面积大,为了保证施工安全,均需要采用分块开挖。而开挖分块过多会导致废弃工程量巨大。北京地铁曾使用的分块开挖方法有双侧导坑法(复八线)、中洞法、侧洞法、侧洞柱法(5号线)、洞桩(柱)法(10号线)。一个标准的双层三跨结构,多的要分成16块开挖(如天坛东门站采用中洞法施工),共需废弃3层(每层长20m,厚0.3m)临时仰拱和三片(每片高16m,厚0.3m)临时中隔壁,每延米钢架喷混凝土量约为33m³。而且由于分块多也造成对地层的多次扰动,引起初期支护结构的整体沉降。同时,上层分块的锐角处喷射混凝土不易喷密实也是引起沉降的原因之一。即使采用控制地面沉降效果较好的洞桩法,看起来废弃工程量要小些,但多了两排桩,增加的工程量也是可观的。因此,施工单位应针对暗挖车站的实际情况来研究合理的工法。

新线隧道的开挖必然会造成洞周土体的塑性破坏,引起土体沉降,从而导致既有结构产生差异沉降、扭转,使轨道产生不平顺,影响列车的正常运营。从维护既有线路安全使用出发,必须采取措施,把施工的影响限定在既有结构运营许可的范围内。这样,开挖引起的土体塑性区的范围和决定轨道不平顺的既有结构变形就可以作为评价开挖方案优劣的指标。

以北京地铁5号线崇文门站为例,既有环线结构为现场浇筑钢筋混凝土框架结构,刚度大,土体沉降对于结构的作用集中反映在结构缝的差异沉降和结构的扭转变形上,所以,综合考虑新线隧道施工过程中土体与结构的表现,可以把施工方案的评价指标确定为以下五项:

(1)结构最大累计沉降量。
(2)沉降缝两侧结构差异沉降。
(3)既有结构两侧差异沉降。
(4)土体沉降槽形态特征。
(5)土体塑性区分布。

4.2 施工方案的比选方法

为了了解不同施工步序对隧道围岩与既有结构扰动程度的区别,以筛选出最适合本工程条件的施工方法,以北京地铁5号线崇文门站大断面车站下穿既有崇文门区间隧道为例,利用FLAC3D有限差分软件,模拟现场土层条件和施工条件,对中洞法、侧洞法与柱洞法三种施工方案分别建模计算,利用第4.1节确定的优化指标对施工方案进行比选。

1)建模

模型计算范围为:横向单侧取3倍洞宽,竖向隧道底部取3倍洞高,向上取至地表。纵向按实际开挖长度取36m。

土层分布和土体参数均按照现场勘测资料取值。应力场由土体重力自动生成。管棚支护区采用提高该处土体强度的实体单元,初期支护结构(喷射混凝土+钢拱架+钢筋网+纵向连接钢筋)采用实体单元,将其中钢筋的弹性模量折算给混凝土,二次衬砌采用梁单元。同时,为了节省计算时间,开挖步长设为3m(现场施工为0.5m)。

土体本构模型采用莫尔—库伦弹塑性模型,初期支护与二次衬砌采用线弹性模型。数值计算模型见图4-1。

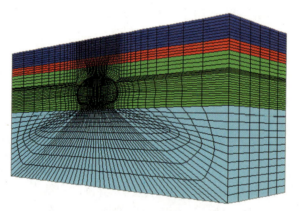

图4-1 数值计算模型

按照实际施工顺序进行模拟,土体因开挖卸荷产生的应力释放可以通过两种办法来模拟。一是设定程序计算的步数,将节点不平衡力依次分散到周围土体中,恢复开挖后的土应力平衡。二是设定节点最大不平衡力与平均节点应力比值,当程序计算到该比值低于设定值时,认为土应力已恢复平衡,停止计算。

2)计算分析

(1)地表沉降槽曲线

三种工法开挖的地表沉降槽曲线见图4-2。

通过图4-2中三条曲线对比可以看出以下特点:

①三种工法开挖造成的沉降槽宽度基本一致,说明沉降槽宽度只与洞径有关,而与所采用工法无关。

②柱洞法对应的地表最大沉降值为25.4mm,中洞法对应的地表最大沉降值为42.2mm,侧洞法对应的地表最大沉降值为49.1mm,可以看出施工方法的不同对地表沉降有着明显的影响。

③从整个施工过程来看,可以把各个工法的开挖分为中部开挖和侧部开挖两个阶段。

a. 采用柱洞法施工时,中部开挖造成的地表沉降约占总沉降的70%,侧部开挖造成的地表沉降约占总沉降值的30%。

b. 采用中洞法施工时,中部开挖造成的地表沉降约占总沉降的80%,侧部开挖造成的地表沉降占总沉降的20%。

c. 采用侧洞法施工时,沉降主要集中在侧部开挖,侧部开挖造成的地表沉降约占总沉降的90%,中部剩余土体的开挖产生的沉降约占10%。

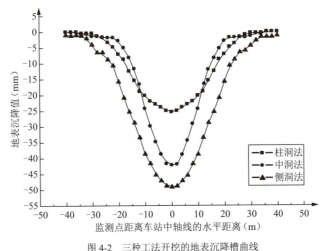

图 4-2 三种工法开挖的地表沉降槽曲线

对于各工法,第一阶段的沉降量都大于第二阶段,即使是第二阶段的土方开挖量明显大于第一阶段,其第一阶段的沉降量仍然大于第二阶段。这说明第一阶段开挖后大刚度的支护和传力体系的建立可以起到减小土体开挖对土体扰动的作用。从减小地表沉降的目的出发,应该尽量减小和优化第一阶段的洞形,尽早形成传力的支护结构,有效控制地表沉降。

(2)沉降缝差异沉降

对隧道开挖影响范围内三条沉降缝分别提取沉降值,绘制出施工过程中沉降缝两侧结构差异沉降曲线图。沉降缝与隧道的空间位置关系见图4-3,沉降曲线见图4-4。

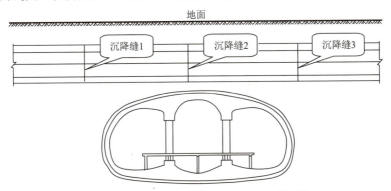

图 4-3 既有线路结构沉降缝与隧道空间位置关系图

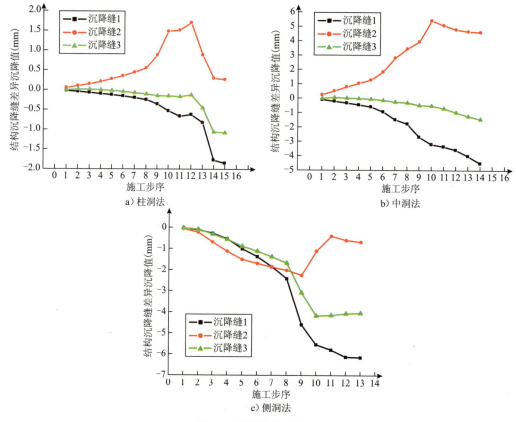

图 4-4 沉降缝差异沉降曲线图

图 4-4 反映了以下规律：由于既有线路结构的刚度较大，新线施工会造成既有线路结构的整体下沉。而既有线路沉降缝的存在会引起沉降缝两端既有线路结构的差异沉降，当差异沉降过大时会造成轨道与道床脱开，严重时将会拉裂轨道，影响既有线路车辆的运营安全。图 4-4 列出了各施工方法下左线各沉降缝两端既有线路结构的差异沉降。由于沉降缝 2 大致位于中洞和侧洞之间，在各种施工方法下均受到中部开挖和侧部开挖两次不同的扰动，因此沉降缝两端的差异沉降的趋势都表现为先增大后减小；沉降缝 1、3 均位于开挖洞室的外侧，表现出相似的沉降规律，而沉降缝 3 的位置比沉降缝 1 更靠近开挖洞室，它的差异沉降绝对值明显比沉降缝 1 大。通过比较可以看出，柱洞法在控制差异沉降方面比其他两种工法都有优势。

（3）既有线路结构的扭转

隧道开挖导致的土体沉降槽向前方扩展的过程中，既有隧道结构由于两侧进入沉降槽的时间不同，必然会产生转动，这一变形可以用结构两侧的差异沉降来描述。不同工法既有结构扭转曲线如图 4-5 所示。

由图 4-5 可见，三种工法中，对于既有结构扭转的影响，柱洞法仍最小，中洞法次之，而侧洞法最大。

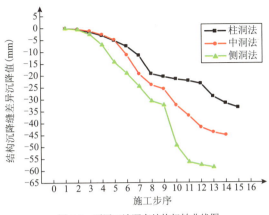

图 4-5　不同工法既有结构扭转曲线图

（4）土体塑性区的开展

开挖完成后的塑性区分布见图 4-6，可以看出，三种施工方法产生的塑性区范围大致相当，基本位于洞室的底部和两侧。柱洞法施工时，由于导洞相对较小，可以及时地进行支护，加上超前预注浆和超前大管棚的保护，在中洞顶部未形成塑性区；中洞法施工时，由于中洞较大，虽然采取了注浆加固、打设超前管棚等措施，在中洞顶部还是形成了不连续的塑性区；侧洞法施工时，由于施工方案中侧洞开挖时只在侧洞顶部范围注浆、打设超前管棚，侧洞开挖时在中洞顶部的土体产生塑性区，当中洞开挖时，塑性区范围加大，由于塑性区深入到既有线路范围，材料达到屈服极限时可能产生对既有线路不利的塑性流动。

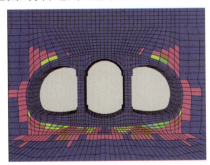

a）柱洞法塑性区分布图

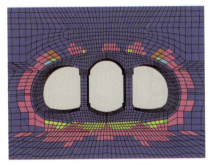

b）中洞法塑性区分布图

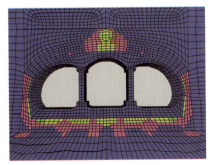

c）侧洞法塑性区分布图

图 4-6　开挖塑性区分布图

3）总结

对北京地铁 5 号线崇文门站的工法优化中，分别对柱洞法、中洞法以及侧洞法三种不同的施工方案进行了三维数值模拟。对于这三种方案，从开挖对地表沉降的影响、对既有线路沉降的影响、对既有线路沉降缝两端差异沉降的影响和塑性区范围 4 个方面进行了比较。由于施工方案的不同，在各个因素的比选中都存在着不同程度的差异。综合考虑各种因素，柱洞法相对其他两种方案具有一定的优势，应该作为优选方案。

（1）柱洞法导致的土体沉降量最小，但后期侧洞开挖侧洞顶部土体沉降增加较大，因此沉降槽较为宽缓；中洞法沉降量较大，侧洞法最大，两者沉降槽均较陡。

（2）三种工法在两个开挖阶段产生的地表沉降比例不同，大致分别为柱洞法 7∶3，中洞法 8∶2，侧洞法 9∶1。

（3）尽管各种工法对沉降缝差异沉降影响的方式不同，但总体看，柱洞法影响最小，中洞法次之，侧洞法最大。

（4）三种工法对结构扭转的作用方式基本一致，柱洞法对结构扰动最小，中洞法较大，侧洞法最大。

（5）比较三种工法开挖产生的累计塑性区范围，塑性区范围大致相当，基本位于洞室的底部和两侧；就范围的大小而言，柱洞法最大、中洞法次之、侧洞法最小。

综合分析以上特点，可以得出以下结论：柱洞法以最小的挖土量，提供了前期衬砌的施作空间，其永久衬砌结构施作最早，支撑作用发挥得最早，所以对土体沉降和既有结构的变形控制最为有利，应是穿越施工的最佳方案。

4.3 柱洞法细部施工方法的计算比较

大断面隧道浅埋暗挖法施工是一项复杂的系统工程，其间涉及多道工序和多种施工工艺。每道施工工序自身和工序之间存在多种可能的组合，而每一种组合又会产生不同的沉降量，对环境造成不同程度的扰动。在新线隧道穿越既有线路的施工中，希望施工对土体造成的沉降和对既有结构的扰动为最小。为了达到这一目的，首先必须了解隧道在整个施工过程中沉降量的组成特点，然后进一步研究各个阶段沉降的来源。在此基础上对症下药，对施工的各个步骤进行不同的组合并计算、对比，从而将施工导致的沉降量控制在最小范围内。

4.3.1 柱洞法施工分步沉降组成特点

尽管柱洞法施工工艺复杂，但其主要施工工序相对固定，主要包括中洞和侧洞两部分施工。中洞施工包括：超前支护（主要是管棚）的施作、中洞四导洞的开挖、中洞支撑体系（地梁、天梁和钢管柱）的施作、中洞扣拱和中洞余土的挖除。侧洞施工包括：侧洞超前支护结构的施作、侧洞分层开挖、侧洞衬砌的施作。

为了了解柱洞法施工各步序引起既有线路沉降的组成情况，对北京地铁5号线崇文门站下穿既有环线的施工进行三维数值模拟，由于数值计算中无法模拟管棚施作，中洞与侧洞管棚施工造成的沉降量来源于现场监测值。各施工步序完成时的沉降情况见表4-1。管棚条件下随着各施工步序进行，既有结构底部累计沉降曲线见图4-7。

各步序施工导致的既有结构沉降情况 表4-1

序 号	施工步序	考虑管棚施工累计沉降（mm）	累计相对沉降占比（%）	分步沉降（mm）	分步相对沉降占比（%）
0	中洞管棚施工	-5.00	13.6	-5.00	13.61
1	挖衬左下导洞	-9.40	25.6	-4.40	11.98
2	挖衬右下导洞	-15.88	43.2	-6.48	17.64
3	挖衬左上导洞	-19.13	52.1	-3.25	8.85
4	挖衬右上导洞	-21.97	59.8	-2.84	7.73
5	中洞施作梁柱	-23.18	63.1	-1.21	3.29
6	挖衬中洞顶层	-24.91	67.8	-1.73	4.71
7	中洞顶层二次衬砌	-26.09	71.0	-1.18	3.21
8	侧洞管棚施工	-30.09	81.9	-4.00	10.89
9	侧洞支撑	-31.16	84.8	-1.07	2.91
10	挖衬侧洞顶层	-32.08	87.3	-0.92	2.50
11	挖衬侧洞中层	-33.82	92.1	-1.74	4.74
12	挖衬侧洞底层	-34.95	95.1	-1.13	3.08
13	挖衬中洞中层	-35.05	95.4	-0.10	0.27
14	挖衬中洞底层	-35.16	95.7	-0.11	0.30
15	中洞底层二次衬砌	-35.21	95.8	-0.05	0.14
16	侧洞拆撑	-36.23	98.6	-1.02	2.78
17	侧洞二次衬砌	-36.74	100.0	-0.51	1.39

注：挖衬的含义是开挖并施作衬砌。

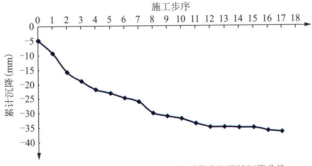

图4-7 管棚条件下各施工步序既有结构底部累计沉降曲线

由表4-1和图4-7可以看出：

（1）柱洞法施工对既有结构造成的沉降量中，中洞施工占71.0%，侧洞施工占29.0%。

（2）中洞施工中，四导洞开挖占全部施工沉降量的46.2%，占中洞施工沉降量的64.4%。

(3) 中洞与侧洞管棚施作引起的沉降占总沉降量的 24.5%。

因此，中洞四导洞开挖和管棚的施作是柱洞法施工造成既有线路沉降的主要原因。

以上数值分析结果与崇文门站施工现场远程监测的结果所反映的规律基本一致。车站施工过程中既有线路结构左右最大沉降监测点的累计沉降曲线如图 4-8 所示。

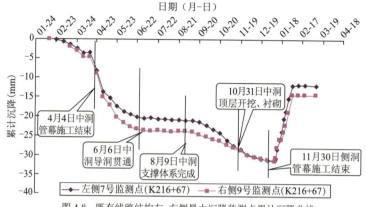

图 4-8　既有线路结构左、右侧最大沉降监测点累计沉降曲线

以既有结构右侧 9 号监测点为例，截至 2005 年 3 月 19 日，既有结构右侧因新线隧道开挖发生的 34mm 累计沉降量中（即既有结构底部注浆加固抬升前后沉降量的累加），有 27mm（约 79.4%）产生于中洞施工过程中。图中 2005 年 1 月 18 日后曲线的上升台阶是由对既有结构底部土体注浆加固时使结构整体抬升导致的。后期的监测结果表明，对新老结构间夹土注浆加固后，侧洞施工造成的既有线路沉降非常有限。

同时，对中洞施工阶段沉降曲线的研究表明，沉降量最大阶段发生于 2004 年 4 月 4 日～6 月 6 日中洞四导洞开挖期间，沉降量为 17.1mm，约占中洞施工沉降的 63.3%，占总体沉降量的 50.3%。

此外，两次管幕施工造成的沉降仅次于中洞四导洞开挖，其总和为 7.9mm，占总体沉降量的 23.2%。

在崇文门站施工中，管棚施作引起既有结构的较大沉降不是工艺不完善造成的。为了确保管棚施作工艺上的可行性并明确其施工对环境的扰动程度，在施工前，曾模拟施工现场的土层条件和荷载条件，进行 1:1 模型试验。监测结果显示，在距管棚顶部 3m 的地表处，管棚施工造成的最大沉降量仅为 2.9mm，如图 4-9 所示。

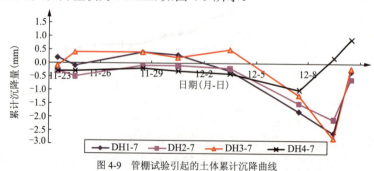

图 4-9　管棚试验引起的土体累计沉降曲线

由图 4-9 可以看出，正常施工条件下，管棚推进不会产生太大的环境扰动；而崇文门站施工现场的过大沉降主要是由于施工过程中管棚在土体中遇到了槽钢、建筑垃圾等障碍物，严重扰动了土体结构而造成的。所以，管棚在施工工艺上已达到现有技术的最优水平。

以上理论和实践均表明，中洞四导洞开挖是引起既有结构沉降的主要原因，控制好这部分沉降就可以在很大程度上减小柱洞法施工的总体沉降。所以，详细分析中洞导洞施工工序和工艺，进一步在理论上进行研究和优化，是实现柱洞法施工对环境影响最低化的有效手段。

4.3.2 中洞导洞开挖数值分析

由前述研究可知，中洞导洞开挖是引起柱洞法施工沉降的主要环节。尽管在目前施工技术水平条件下，导洞施工工艺相对完善，但在软土隧道中，在近距离下穿既有线路的条件下，在如此近的范围内（导洞间孔边距不足一倍洞径），长距离平行开挖四条隧洞，这在国内外地铁工程领域尚未见到。

由于是工作面开敞式开挖，由应力释放导致的洞周土体塑性破坏区有可能相互叠加，产生群洞效应，造成施工对环境更大范围的扰动，从而导致对既有线路产生过大影响。所以，必须从单个导洞施工影响因素和导洞间相互影响的角度出发，深入研究各种因素对土体破坏、结构稳定的作用程度和作用方式，最终达到控制沉降、安全穿越的目的。

研究表明，决定导洞开挖洞周土体塑性破坏的因素主要包括：洞径、工作面开挖步距（即单位进尺）、开挖方法、工作面超前注浆、初期支护的强度、工作面错距和导洞开挖顺序等。本节以三维数值分析软件 PLAXIS 作为研究工具，对单个导洞开挖的影响因素和群洞开挖的相互作用进行系统的模拟研究。

1）单个导洞开挖模拟

单个导洞开挖模拟按照崇文门站施工现场的工况条件，埋深 14m，模型洞径 4m，采用微台阶法开挖，台阶长度 1.5m，单位进尺 0.5m，土层参数采用现场勘察结果。土体本构关系采用莫尔—库仑弹塑性模型，考虑模型的对称性和计算速度，模型取一半，如图 4-10 所示。

（1）导洞洞径的影响

为了明确导洞开挖时洞径对洞周土体的扰动情况和对近工作面处已施作好的初期支护结构应力和位移的影响，分别取洞径为 3m、4m、5m 的情况进行计算分析。

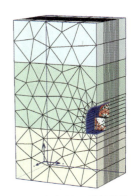

图 4-10 单个导洞开挖计算模型

开挖过程中导洞洞周土体与初期支护的应力、位移和地表沉降情况见表 4-2 和表 4-3，表中数据反映的规律为：随着洞径增大，导洞开挖造成的地表沉降等幅增加（增幅约为 0.64mm），而初期支护的拱顶沉降也同样等幅增加（约 2.46mm），但由单步开挖造成的拱顶沉降增量则随着洞径增大而加倍增大。

不同洞径条件下土体应力、地表沉降与初期支护位移对比　　　　　　　表4-2

导洞洞径(m)	地表沉降(mm)	初期支护拱顶沉降(mm)		塑性区范围描述	工作面前原岩应力区距离(m)
		总量沉降	增量沉降		
3	-0.72	-4.20	-0.007	工作面前1.5m,洞周0.5m,工作面后2.5m	2
4	-1.34	-6.46	-0.010	工作面前2m,洞周0.5m,工作面后3m	3
5	-2.02	-8.92	-0.036	工作面前2.5m,洞周0.75m,工作面后3m	3.5

工作面后单位进尺处初期支护应力　　　　　　　表4-3

导洞洞径(m)	轴力(kN/m)		剪力(kN/m)			弯矩(kN·m/m)		
	N_{11}	N_{22}	Q_{12}	Q_{13}	Q_{23}	M_{11}	M_{22}	M_{12}
3	-96.74	-27.83	50.91	-5.34	-19.77	-2.23	-4.39	1.25
4	-108.15	-19.67	50.09	-5.12	-48.20	-4.60	-4.07	-2.98
5	-130.78	-29.13	44.46	-4.88	-9.83	-4.39	-3.94	-1.94

①导洞洞径越大,导洞开挖造成的塑性区越大。三种情况下导洞纵向土体塑性区范围分别达到4m、5m、5.5m,横向上其范围亦有所增加。图4-11给出了洞径为4m时纵向上土体塑性区的开展情况。图中红色点为莫尔—库仑破坏点,白色点为拉伸破坏点。图中模拟的是开挖0.5m后,尚未支护条件下的最不利工况。由图可见,在工作面处上、下台阶土体均呈塑性破坏,在开挖未支护区,上台阶围岩塑性区范围可达0.5m,下台阶同样处于塑性状态。向前塑性区呈锥形逐渐集中于上台阶核心部位,距工作面2m处已无破坏点。向后,塑性区集中于下台阶,且台阶中心部位以拉伸破坏为主,在2.5m仅在墙角处发现少量塑性点。

②原岩应力区随着洞径增大,距工作面距离增加。

③随着洞径增大,初期支护竖向轴力(N_{11})依次增加,横向和纵向剪切力(Q_{12}、Q_{13})却相应减小,纵向弯矩依次增加。这表明,随洞径增大,土体纵向拱效应减弱,施加于结构上的荷载增大,以垂直向作用为主;而洞径较小时,土体拱效应较强,以水平向作用为主。

 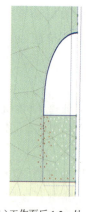 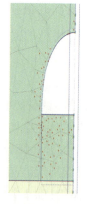

a)工作面后2.5m处　　b)工作面后1.5m处　　c)工作面后0.5m处

图 4-11

d）工作面处　　　　　e）工作面前 1m 处　　　　f）工作面前 1.5m 处

图 4-11　导洞塑性区开展情况

（2）开挖步距

将模型开挖进尺设为 1m，研究土体与结构应力、位移关系，与进尺为 0.5m 的模型相对照，结果见表 4-4。

不同开挖进尺条件下结构与土体应力、位移对比　　　表 4-4

开挖进尺 (m)	地表沉降 (mm)	初期支护拱顶沉降(mm)		塑性区范围描述	原岩应力区 (m)	拱顶应力释放率 (%)
		总量沉降	增量沉降			
0.5	−1.34	−6.46	−0.010	工作面前 2m，洞周 0.5m，工作面后 3m	3	71.4
1	−1.37	−7.34	−0.064	工作面前 2m，洞周 1m，工作面后 3m	3	85.7

经过对比，可以看出以下特点：

①拱顶沉降增量显著增加，说明单步开挖对土体和结构位移扰动加大，表中地表沉降与结构总量沉降差别不大，是由于为减少计算量，模拟开挖仅仅是开挖的第一步，受之前结构空间效应影响，沉降总量的差异尚未显现。

②两种工况原岩应力区与工作面距离相同，土体塑性区纵向范围基本一致，差异仅体现在横向范围上，随开挖进尺的增大，扰动范围增加近 1 倍，见图 4-12，拱顶应力释放率也大幅度增加。

③表 4-5 反映了开挖进尺增加一倍，初期支护结构应力成倍增加。

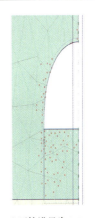 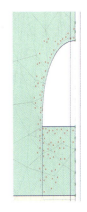

a）开挖进尺为 0.5m　　　b）开挖进尺为 1m

图 4-12　不同开挖进尺条件下洞周塑性区对比

工作面后单位进尺处初期支护应力　　　表 4-5

开挖进尺 (m)	轴力(kN/m)		剪力(kN/m)			弯矩(kN·m/m)		
	N_{11}	N_{22}	Q_{12}	Q_{13}	Q_{23}	M_{11}	M_{22}	M_{12}
0.5	−108.15	−19.67	50.09	−5.12	−48.20	−4.60	−4.07	−2.98
1	−411.1	−63.13	149.10	24.59	−72.70	18.42	−7.37	−6.43

从以上分析可以得出，开挖步距的增大造成导洞洞周土体塑性区的增大，进而引起初期支护结构应力的全面增大，而对导洞纵向塑性区的增加影响不大。

（3）开挖方法

对全断面法开挖和微台阶法开挖分别进行建模计算，其对比结果见表4-6和表4-7。通过对比可知，全断面法开挖在产生与微台阶法相同的应力释放率的条件下，对地表和已完成的初期支护结构造成的位移均较小。且在纵向和横向上，土体整体塑性区范围均较小。但有一个特点，虽然工作面前方塑性区较微台阶法大，但在工作面通过后即迅速消失，表明全断面法开挖对土体的扰动集中于工作面前方。这一点也反映在原岩应力区距离上。

不同开挖进尺条件下结构与土体应力、位移对比　　　　表4-6

开挖方法	地表沉降（mm）	初期支护拱顶沉降(mm)		塑性区范围描述	原岩应力区（m）	拱顶应力释放率(%)
		总量沉降	增量沉降			
微台阶法	-1.34	-6.46	-0.010	工作面前2m，洞周0.5m，工作面后3m	3	71.4
全断面法	-0.939	-2.45	-0.004	工作面前3m，洞周0.25m，工作面后1.5m	3.5	71.4

工作面后单位进尺处初期支护应力　　　　表4-7

开挖方法	轴力(kN/m)		剪力(kN/m)			弯矩(kN·m/m)		
	N_{11}	N_{22}	Q_{12}	Q_{13}	Q_{23}	M_{11}	M_{22}	M_{12}
微台阶法	-108.15	-19.67	50.09	-5.12	-48.20	-4.60	-4.07	-2.98
全断面法	-546.03	-76.27	25.01	85.07	48.65	85.65	14.19	-2.68

由于全断面法开挖初期支护封闭快，所以结构受力大且应力转换早，初期支护应力分量数值大多高于微台阶法。

（4）工作面超前注浆

在穿越施工中，注浆是经常采用的工程手段。一般情况下，只要土体的可注性好，均能取得理想的效果。为了了解土体在注浆和不注浆两种工况下进行导洞开挖对土体的塑性破坏情况，特模拟两种工况建模计算。图4-13为两种工况下洞周总应力分布对比。

表4-8和表4-9给出了两种工况下各项指标的对比值，可以看出，对工作面进行全断面注浆，可以全面提高和改善土体的应力、位移条件。注浆理想的条件下，拱顶应力释放率仅为不注浆时的一半。由于注浆提高了土体单轴抗压强度，土体应力释放与不注浆时相比，非常有限，而且应力集中的程度大为减缓。同时，在4m洞径条件下，围岩几乎不产生塑性破坏，初期支护结构的拱顶沉降也大幅减小，但同时支护结构的受力有所增大。

a) 不注浆

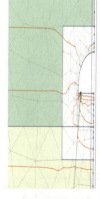
b) 全断面注浆

图4-13　两种工况下洞周总应力分布对比图

全断面注浆对结构与土体应力、位移的影响 表4-8

注浆情况	地表沉降（mm）	初期支护拱顶沉降（mm）		塑性区范围描述	原岩应力区（m）	拱顶应力释放率（%）
		总量沉降	增量沉降			
不注浆	−1.34	−6.46	−0.010	工作面前2m,洞周0.5m,工作面后3m	3	71.4
全断面注浆	−0.03	−2.49	−0.0008	工作面前、后均无塑性区，洞周亦无塑性区	1	38.5

全断面注浆对初期支护应力的影响 表4-9

注浆情况	轴力（kN/m）		剪力（kN/m）			弯矩（kN·m/m）		
	N_{11}	N_{22}	Q_{12}	Q_{13}	Q_{23}	M_{11}	M_{22}	M_{12}
不注浆	−108.15	−19.67	50.09	−5.12	−48.20	−4.60	−4.07	−2.98
全断面注浆	−151.51	−13.24	63.91	−12.97	−27.19	8.39	−7.08	4.75

（5）初期支护加强

为了了解初期支护强度对土体与结构自身受力的影响，采用三种支护结构参数建模计算，见表4-10。

初期支护参数表 表4-10

工况	EA值（N）	EI值（N·m²）	备注
工况Ⅰ	0.75×10^7	0.39×10^5	初期支护厚25cm
工况Ⅱ	1.05×10^7	1.07×10^5	初期支护厚35cm
工况Ⅲ	1.40×10^7	1.42×10^5	混凝土模量提高

所得结果对比情况见表4-11和表4-12，可以看出，在三种工况条件下，初期支护结构的强化对于控制沉降、减小土体塑性区和改善结构受力几乎没有作用。图4-14给出了三种工况下工作面土体塑性点的分布图，可见三种工况下塑性点分布的范围和密度几乎一致。

初期支护加强对结构与土体应力、位移的影响 表4-11

初期支护情况	地表沉降（mm）	初期支护拱顶沉降（mm）		塑性区范围描述	原岩应力区（m）	拱顶应力释放率（%）
		总量沉降	增量沉降			
工况Ⅰ	−1.34	−6.46	−0.010	工作面前2m,洞周0.5m,工作面后3m	3	71.4
工况Ⅱ	−1.08	−5.8	−0.0067	工作面前2m,洞周0.5m,工作面后3m	2.5	71.4
工况Ⅲ	−0.99	−5.57	−0.019	工作面前2m,洞周0.5m,工作面后2.5m	2.5	71.4

初期支护加强对初期支护应力的影响 表4-12

初期支护情况	轴力（kN/m）		剪力（kN/m）			弯矩（kN·m/m）		
	N_{11}	N_{22}	Q_{12}	Q_{13}	Q_{23}	M_{11}	M_{22}	M_{12}
工况Ⅰ	−108.15	−19.67	50.09	−5.12	−48.20	−4.60	−4.07	−2.98
工况Ⅱ	−111.03	−19.17	47.44	−5.66	−41.05	−4.97	−4.65	−3.18
工况Ⅲ	−114.86	−18.35	48.0	−5.26	−25.23	−4.98	−4.21	−3.41

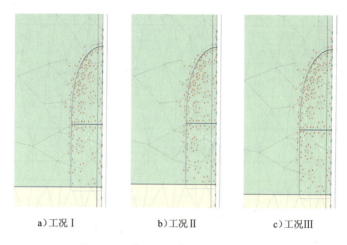

a）工况Ⅰ　　　　　b）工况Ⅱ　　　　　c）工况Ⅲ

图 4-14　三种工况下工作面土体塑性点分布图

通过以上建模计算，在分别研究洞径、开挖步距、开挖方法、土体注浆和初期支护结构强度对土体应力应变和结构受力影响的基础上，可以得出如下结论：

①洞径是导洞设计的关键参数，对塑性区范围、土体沉降、初期支护结构变位、土体应力释放和支护结构受力均有直接的影响。

②开挖步距反映的是工作面无支护状态的范围，这一指标主要影响土体与结构的横向效应，如地表沉降、土体应力释放率、初期支护拱顶沉降和洞周土体塑性区范围，而对导洞纵向影响不大，表现为1m开挖步距与0.5m步距相比，有着相同的纵向塑性区范围和原岩应力区距离。

③全断面开挖由于支护结构封闭迅速，土体与结构间应力转换快，可以有效地控制土体沉降、拱顶沉降和工作面土体应力释放率，但是对工作面前方土体扰动大。

④工作面超前注浆可以全面提高土体和结构在导洞开挖过程中的稳定性，是控制导洞施工环境效应的有效手段。

⑤在目前工况下，导洞初期支护结构强度的提高，对于控制沉降和减小土体塑性区作用有限。

2）导洞间的相互作用

导洞间由于相互距离很近，在施工过程中难免会产生土体塑性区的叠加，产生群洞效应，导致土体沉降增大，影响既有线路的正常运营。为了避免或弱化群洞效应的影响，一方面要对单个导洞施工进行优化设计，以减小其扰动范围，力求避免塑性区的叠加；另一方面，导洞分先后顺序开挖，以避免导洞工作面间土体同时遭受塑性破坏而造成土体扰动范围过大，从而减小群洞效应。

（1）工作面错距

因为是多导洞施工，所以分三种情况研究导洞间错距对围岩整体扰动效果。为了减小计算量,采用全断面开挖方法,单位进尺 0.5m。

① 左、右导洞平行施工

模拟导洞间工作面间距分别设为 3m、6m、9m 条件下,研究导洞先后开挖对土体扰动和结构受力的特点,模型如图 4-15 所示。

计算结果见表 4-13,表中数据显示,随着工作面错距加大,地表沉降依次减小。反映在土体塑性破坏区方面,具有同样的规律,见图 4-16。

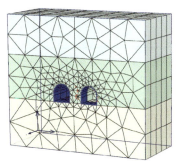

图 4-15 导洞水平排列计算模型

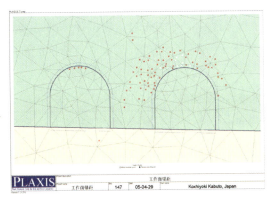

a)工作面错距 3m

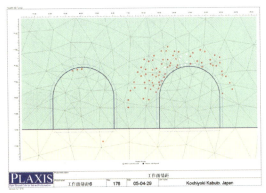

b)工作面错距 6m

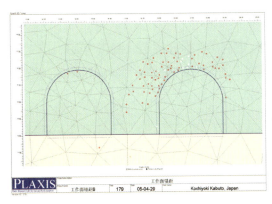

c)工作面错距 9m

图 4-16 不同情况下后洞(右洞)工作面开挖至前洞(左洞)工作面时土体塑性点分布图

由图 4-16 可知,3m 错距时导洞之间的土体塑性点多于后两者,且分布范围较大,而后两者的塑性点分布情况差别很小。联系前述全断面开挖时导洞纵向塑性区范围值 4.5m 的结论可知,6m 和 9m 错距均满足使导洞塑性区不同时生成的原则,所以二者差距较小。表 4-13 中初期支护拱顶沉降再次说明了这个结论。

另外,导洞间工作面距离越远,后洞工作面挖至前洞工作面时,前洞初期支护结构受力越大。这是因为工作面越远,工作面间施工干扰越小,土体扰动后向支护结构的应力转换越充分,所以结构受力越大。

不同工作面错距条件的模拟计算结果　　　　　　　　　　　　表 4-13

工作面错距 (m)	地表沉降 (mm)	初期支护拱顶沉降(mm)		前洞初期支护结构受力		
		总量沉降	增量沉降	N_{11}(kN/m)	Q_{13}(kN/m)	M_{11}(kN·m/m)
3	−19.55	−22.62	−0.0118	−142.41	73.47	−42.34
6	−18.94	−22.07	−0.0025	−158.94	86.90	−50.00
9	−18.31	−22.30	−0.0027	−168.02	95.66	−55.15

②上、下导洞平行施工

上、下导洞平行施工分两种情况,分别是上导洞先行和下导洞先行。模拟计算的结果见表 4-14,可以看出,两种工况中,下导洞先行明显优于上导洞先行方案,其土体与结构的沉降量均小于上导洞先行方案。

不同工作面错距条件的模拟计算结果　　　　　　　　　　　　表 4-14

工况	工作面错距 (m)	地表沉降 (mm)	初期支护拱顶沉降(mm)		前洞初期支护结构受力		
			总量沉降	增量沉降	N_{11}(kN/m)	Q_{13}(kN/m)	M_{11}(kN·m/m)
上导洞先行	3	−18.48	−29.98	−0.095	16.83	111.31	−61.52
	9	−18.39	−28.32	−0.064	123.49	90.96	−64.66
下导洞先行	3	−18.15	−16.18	−0.033	−73.56	−50.60	−40.36
	9	−17.82	−15.60	−0.001	101.18	−62.46	−53.77

在上导洞先行方案中,后洞工作面开挖至前洞工作面时土体塑性点的分布见图 4-17,可以看出,3m 错距时,导洞间夹土塑性点明显多于 9m 错距的工况。上导洞顶部塑性点数相近,只是 3m 比 9m 分布更密集。

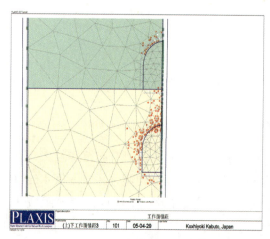
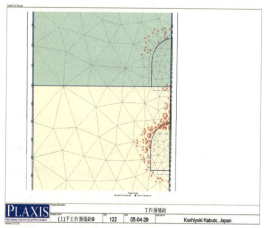

a) 工作面错距 3m　　　　　　　　　b) 工作面错距 9m

图 4-17　上导洞先行方案土体塑性点分布图

当下导洞开挖至上导洞工作面时,上导洞初期支护结构会整体下沉,见图4-18,可以看出,尽管当步开挖引起的沉降量(增量沉降量)以导洞底为主[图4-18a)],但在结构沉降总量中,还是以拱顶沉降为主[图4-18b)]。

此时,表中各应力分量沿结构横断面的分布见图4-19。应力图显示,结构拱部和底板均受拉,边墙受压,且轴力最大点位于边墙下部;剪力主要发生在结构底板,最大剪应力点位于墙脚处;结构拱部和底板均外侧受拉,只有边墙处内侧受拉,且最大弯矩点发生在导洞底板中点处。

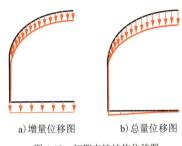

a)增量位移图　　b)总量位移图

图 4-18　初期支护结构位移图

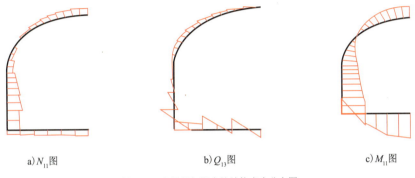

a)N_{11}图　　　　b)Q_{13}图　　　　c)M_{11}图

图 4-19　上导洞初期支护结构应力分布图

在下导洞先行的方案中,工作面土体塑性点的分布见图4-20。尽管图中反映的差别不明显,但还是可以看出9m错距时的塑性点要少于3m错距时的情况。

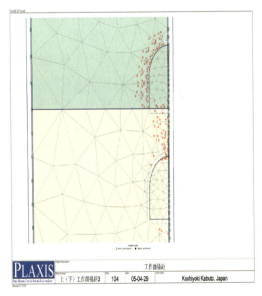 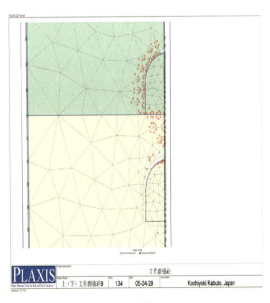

a)工作面错距 3m　　　　　　　　　　b)工作面错距 9m

图 4-20　下导洞先行方案中工作面塑性点分布图

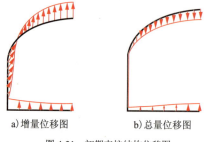

a) 增量位移图　　b) 总量位移图

图 4-21　初期支护结构位移图

当上导洞开挖至下导洞工作面处时,下导洞结构位移图见图4-21。此时,受上导洞当步开挖影响,下导洞结构位移增量整体向上,见图4-21a),结构累计位移量见图4-21b),即拱部向下,底板向上。结合前述分析可以看出,导洞开挖对邻洞造成的扰动,下导洞先行方案要优于上导洞先行方案。

图 4-22 是上导洞开挖至下导洞工作面时,下导洞结构受力情况。结合表4-14和前述分析可知,下导先行方案与上导先行方案相比,结构应力分布形式相同,只是在数值上存在一定差距。

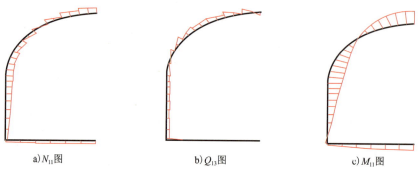

a) N_{11}图　　b) Q_{13}图　　c) M_{11}图

图 4-22　下导洞初期支护结构应力分布图

以上结构应力、位移分布图均是3m错距时的情况,9m错距时与此分布形式一致,其数值上的差异见表4-14。

导洞间工作面错开表面上看是在研究空间效应,而实际上研究的是时间效应,即土体应力由原岩应力状态向开挖后的二次应力状态,再向支护后的三次应力状态转化过程的快慢问题。采取工作面错开一定距离的做法可以避免因工作面同时开挖而造成的土体塑性破坏过于严重的后果。但错开的距离没必要太大,尤其在实际施工中,在采取初期支护壁后注浆的条件下,可以加速土体与结构间的应力转换。由前述研究结论可知,在超出塑性区范围的5m距离以上,6m和9m错距的效果差别很小。所以,对于工作面错开距离的确定,应在详细研究开挖导致土体塑性区范围值的基础上,综合考虑施工措施和经济因素,如为赶工期而进行的平行作业,最终选择最优值。

(2) 导洞开挖顺序

为了考虑四导洞开挖过程中整体的时间与空间效应,设计四种开挖顺序,见图4-23。

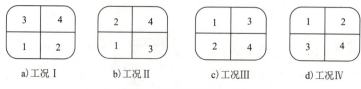

a) 工况Ⅰ　　b) 工况Ⅱ　　c) 工况Ⅲ　　d) 工况Ⅳ

图 4-23　导洞开挖顺序示意图

计算模型纵向取 18m,采用全断面开挖,见图 4-24。

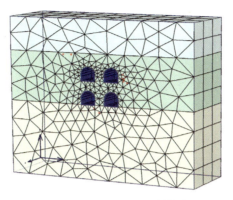

图 4-24 四导洞开挖计算模型

选取开挖过程中地表沉降量为优化指标,沉降曲线见图 4-25。曲线图显示,工况 I 沉降最大,工况 II 最小,III、IV 居于其中。

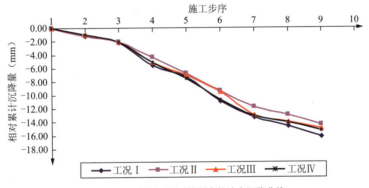

图 4-25 导洞不同开挖顺序的地表沉降曲线

导洞最后一步开挖时洞周土体塑性点分布见图 4-26。由图中可见,工况 II 塑性区最小,仅分布于中间土层中,而工况 I、III、IV 中塑性点均上达地表,范围远大于工况 II。

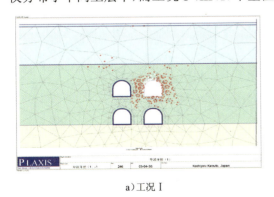

a)工况 I   b)工况 II

图 4-26

077

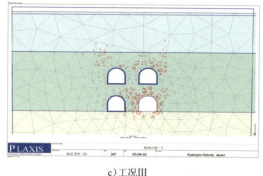
c）工况Ⅲ

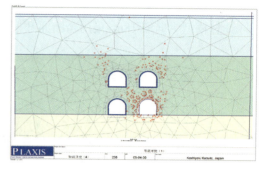
d）工况Ⅳ

图4-26 四导洞开挖结束时土体塑性点分布图

4.3.3 结论

通过对柱洞法单个导洞参数优化、导洞间工作面错距和导洞群开挖顺序进行深入研究，得出以下结论：

（1）导洞洞径对土体塑性区范围、沉降量、初期支护结构变形、土体应力释放和支护结构受力均有直接的影响。

（2）开挖步距主要决定导洞开挖对土体与结构的横向效应，如地表沉降、土体应力释放率、初期支护拱顶沉降和洞周土体塑性区范围，而对导洞纵向影响不大，表现为1m开挖步距与0.5m步距相比，有着相同的纵向塑性区范围和原岩应力区距离。

（3）全断面开挖由于支护结构封闭迅速，土体与结构间应力转换快，可以有效地控制土体沉降、拱顶沉降和工作面土体应力释放率，但是有对工作面前方土体扰动大的弊端。

（4）工作面超前注浆可以全面提高土体和结构在导洞开挖过程中的稳定性，是控制导洞施工环境效应的有效手段。

（5）在目前工况下，提高导洞初期支护结构强度，对控制沉降和减小土体塑性区作用有限。

（6）导洞间工作面错距对降低群洞效应有明显影响，该值越大，工作面处塑性点数越少，先行导洞初期支护结构应力转化越充分，但当其超过导洞纵向塑性区范围值时，工作面错距的影响减弱。

（7）上、下导洞平行掘进时，下导洞超前明显优于上导洞超前。

（8）四导洞平行掘进时，工况Ⅱ［图4-23b）］对围岩扰动最小。

第 5 章

有夹持土下穿既有线路施工关键技术

Key Construction Technology of Underground Excavation for Subway Crossing Existing Lines

Key Construction Technology of Underground
Excavation for Subway Crossing Existing Lines

暗挖地铁线路(车站)近距离下穿既有线路施工时,采取适当的施工方法和辅助工法最大限度地减小对既有线路的不利影响,确保线路的运营和结构的安全,已成为当前急需研究解决的技术难题。为减小既有地铁结构变形,在下穿既有地铁时,传统上一般在新建结构和既有结构之间保留 2～10 m 厚的夹持层。新建地铁可根据现场情况选择暗挖中洞法(新建结构为车站)、盾构法(新建结构为线路)、暗挖洞桩法(新建结构为车站),下面分别予以阐述。

5.1 暗挖中洞法穿越既有线路施工关键技术

在环境复杂、繁华城区、软弱地层修建大跨暗挖地铁车站,其站位受地下管线、地上建(构)筑物等边界条件限制因素过多,结构断面变化复杂,盖挖逆作法、暗挖桩柱法等都受到周边条件和地下构造物限制,暗挖中洞法为综合有效解决上述问题拓宽了思路。在此对暗挖中洞法穿越既有线路施工关键技术进行介绍。

5.1.1 技术概述

1)技术特点

(1)将监控量测、数据处理和信息反馈综合技术应用于施工,动态修正施工方法和支护参数,确保施工安全。

(2)分部进行开挖支护过程中,做好地质超前探测和现场地质素描,不良地质条件采用超前大管棚等辅助措施。

(3)施工中下穿地下构筑物和地下管线,采取管线和构筑物内布点监控措施,综合采用多种施工措施确保其安全。

(4)处理好工序调整时的受力转换问题是施工关键。

(5)有效地延伸了中隔壁法(CD 法)、交叉中隔壁法(CRD 法),解决了以前暗挖群洞施工中工序倒换频繁、作业空间小、施工精度控制困难、施工周期长等问题。

2)工艺原理

(1)按照"小分块、短台阶、早成环、环套环"的施工原则,先行开挖支护中洞,及时施作中洞二次衬砌,建立起梁、柱支撑体系,然后对称施作侧洞初期支护和二次衬砌,完成结构闭合。

（2）中洞采用 CD 法或 CRD 法施工，分四层八部或三层六部开挖，每部之间用临时中隔壁及临时仰拱分割。

（3）以监控量测数据为受力转换施工依据指标，根据数据反馈，合理确定临时结构破除长度和二次衬砌施工长度。

（4）中洞法工序复杂，但两侧洞对称施工，解决了侧压力从中洞初期支护转移到梁柱上时产生的不平衡侧压力问题，施工引起的地面沉降较易控制。

5.1.2 施工工艺流程

总体施工工艺流程为：施工准备→施工竖井及通道施工→超前支护施工→中洞施工→侧洞施工。中洞先采用 CD 法或 CRD 法分层分部开挖支护，分部开挖顺序如图 5-1 所示，即按①→②→③→④→⑤→⑥→⑦→⑧顺序进行开挖支护，步距控制在 1.0～1.5 倍开挖宽度。初期支护完毕后纵向分段拆除初期支护，施工二次衬砌：施工底梁钢筋混凝土Ⅰ；破除钢管柱对应位置临时仰拱，吊装钢管柱和浇筑钢管柱混凝土Ⅱ；在钢管柱施工完毕后，进行顶纵梁Ⅲ施工；顶梁混凝土达到设计强度，破除中隔墙进行中洞拱部钢筋混凝土Ⅳ施工；最后进行中板Ⅴ和中洞底板Ⅵ施工。

中洞二次衬砌施工完毕，进行侧洞施工。如图 5-2 所示，侧洞先按①→②→③→④的顺序依次左右对称开挖，各层滞后 1.0～1.5 倍开挖宽度。侧洞初期支护结构施工完毕后，先进行侧洞底板钢筋混凝土Ⅰ施工；底板施工完毕，破除二层、三层临时仰拱施工中板和中板下侧墙钢筋混凝土Ⅱ；中板达到设计强度，进行中板上侧墙钢筋混凝土Ⅲ施工。

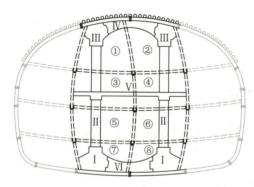

图 5-1 单拱双柱车站中洞施工步序

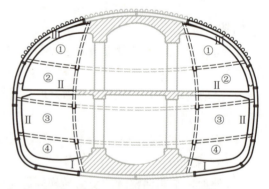

图 5-2 单拱双柱车站侧洞施工工序

5.1.3 施工技术要点

1）施工准备

（1）平整硬化场地，做好场地规划工作。

(2)放设竖井井位,在竖井开挖范围内,开挖探坑,复查管线及底下障碍物情况。

(3)提前开始降水作业,保证水位降至竖井井底1.5m以下。

2)竖井及通道施工

(1)开挖竖井井圈土方,绑扎圈梁钢筋,支模浇筑商品混凝土。

(2)井圈混凝土达到设计强度后,开始竖井开挖。每榀开挖后及时支护,竖井支护采用网喷混凝土+格栅钢架+连接筋联合支护体系。竖井开挖至设计深度后,采用I20工字钢+网喷混凝土及连接筋进行竖井封底,要求工字钢和竖井格栅钢架牢固焊接。

(3)竖井开挖完成后,开设横通道马头门,CRD法分层分部开挖横通道,每部开挖后及时支护,各分部开挖次序按设计步序要求组织施工,并加强监测。

3)超前支护施工

(1)管棚施工

软弱地层大跨暗挖车站多在横断面的拱部范围内、沿车站拱顶环向按3根/m布置大管棚超前支护,管棚管棚直径有ϕ108、ϕ377无缝钢管等规格。

ϕ108管棚采用TT40型水平导向钻机钻ϕ120的导向孔成孔,成孔后植入ϕ108钢管,最后注浆封孔。ϕ377管棚采用TT145型夯管锤夯顶进的方法施工。

(2)超前小导管施工

一般开挖地段多沿拱部环向布置ϕ32.5×3.5mm热轧钢管进行超前支护,管长2.5m,外插角10°~12°,每榀打设一排,环向间距30cm。注浆则根据地层采用改性水玻璃或水泥水玻璃双液浆。

超前小导管多用风钻或风镐直接打设。注浆管一端做成尖形,另一端焊上铁箍。在距离铁箍0.5~1.0m处开始钻孔,钻孔沿管壁间隔200mm,呈梅花形布设,孔位互成90°,孔径6~8mm。

4)开挖、初期支护

(1)开挖

中、侧洞开挖采用短台阶法,台阶长度控制在1.0~1.5倍开挖宽度,目的在于使支护结构尽快封闭,以减少台阶(即拱脚)处的基础压缩变形并有效地控制地层的松弛变形。

台阶要求必须有一定的坡度,严禁坡度过陡或反挖。

(2)初期支护

设计参数:永久性初期支护采用钢格栅+连接筋+C20网喷混凝土支护体系。临时中隔壁与临时仰拱采用工字钢+纵向连接筋+网喷混凝土支护体系。

中洞拱部格栅不得分节,一次架立完毕,控制拱架架立及与临时仰拱、中隔墙工字钢连接的精度;拱脚按设计要求布设锁脚锚杆,并垫塞牢固。

拱架就位验收合格后及时进行喷射混凝土封闭。

(3)回填注浆

土层与支护结构间进行回填注浆处理可以有效地消除因土层与支护结构间存在着缝

隙而产生的地层损失。回填注浆采用普通水泥浆，粉细砂地段采用微膨胀性的超细水泥浆液。

5）二次衬砌

（1）底纵梁施工

中洞底纵梁是工程设计、施工的控制要点之一，主要涉及地基基础的承载力问题和底纵梁位移问题。

暗挖中洞法在结构中洞底板封闭以前为最不利受力状态，即底梁基底压力值达到最大。为进一步增强地基的承载能力，减小由底纵梁基础引起的结构不均匀沉降，需对中洞底纵梁的基底进行注浆加固处理。

为防止结构水平的位移，底梁施工中每隔6.0m施工1.0m宽底板作为底梁的联系梁，既可以减小破除底层中隔墙引起的中洞初期支护结构沉降，又使底梁纵向形成框架体系，保证下步钢管柱及顶纵梁受力稳定性。

（2）钢管柱施工

钢管柱制作、运输及精确定位要严格按照技术规范要求执行。

①做好钢管柱加工原材料和钢管成品的检查，确保加工质量及加工精度。

②钢管柱焊接时，焊缝不得存在未焊满、根部收缩、咬边和接头不良等缺陷，焊缝不得存在表面气孔、夹渣、裂纹和电弧擦伤等缺陷；要求全焊透的采用超声波探伤仪进行内部缺陷的检验。

③对应钢管柱位置底梁的混凝土浇筑分两次进行，浇筑顺序见图5-3。第一次浇筑前将钢管柱底盘、管内锚固钢筋、定位杆、管外锚固钢筋安装完成，本次浇筑的关键是进行钢管柱底盘的中线精确定位、标高水平调平，并用定位杆及螺栓进行固定，安装完成后如图5-4所示。第一次浇筑完毕，混凝土达到设计强度，采用精密水准仪进行钢管柱底盘的精确调平后进行第二次浇筑。

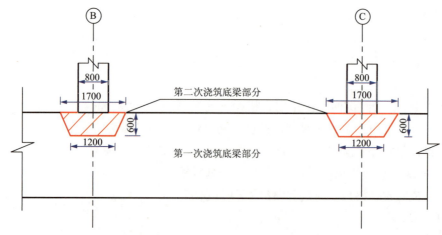

图5-3 底梁混凝土浇筑顺序（尺寸单位：mm）

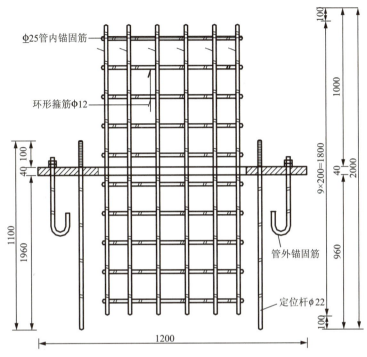

图 5-4 钢管柱底盘安装图（尺寸单位：mm）

④钢管吊装机具为 10t 手拉葫芦（两个）、钢丝绳（3m 两根，6m 两根）、厚 25mm 的钢板，[18a 槽钢井字形支架。用初期支护预埋的吊钩将钢管柱分节吊装。采用厚 25mm 的钢板内卡卡在每节钢管柱顶法兰以下，吊装时每吊装一节后用一个井字形支架将已经安装好的钢管架在钢管柱护壁顶平面上。后以同样的方式吊装下一节，然后安装钢管柱连接法兰的抗剪高强螺栓；依次类推安装其他节。吊装方法、井字形支架和厚 25mm 钢板内卡见图 5-5。

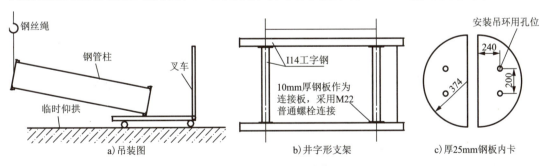

图 5-5 钢管柱吊装总图（尺寸单位：mm）

⑤抗剪高强螺栓按照要求进行施工。校正大六角高强螺栓施工所用的扭矩扳手，其扭矩误差不得大于 5%；抗剪高强螺栓安装应在钢管柱中心位置调整好以后进行，分为初拧、复拧和终拧三步，初拧扭矩为施工扭矩的 50% 左右，复拧扭矩等于初拧扭矩。初拧、复拧或终拧后的高强螺栓均应采用不同的颜色进行标记。高强螺栓需要按照 1～5 的顺序安装，如图 5-6 所

示;安装高强螺栓时严禁强行穿入螺栓,抗剪高强螺栓拧紧时只许在螺母上施加扭矩。

(3) 顶纵梁施工

顶纵梁混凝土浇筑采用从结构侧面拱部最高点封堵侧模处预留混凝土浇筑孔进行浇筑,浇筑孔间距纵向3m。浇筑孔位于拱部预留上层钢筋的下方,混凝土输送泵管从脚手架上方铺设,连接至浇筑孔位置后采用弯管接入浇筑孔,进行浇筑,同时为减少混凝土浇筑过程中弯管拆装的时间,拟准备两套弯管。浇筑孔预留位置见图5-7。

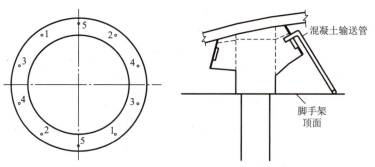

图5-6 抗剪高强螺栓安装顺序　　图5-7 车站顶纵梁浇筑口预留示意

为保证混凝土灌满整个顶梁,减少初期支护和二次衬砌混凝土之间的空隙,由预留浇筑孔位进行隔孔浇筑;浇筑孔标注顺序为1号→2号→3号→1号(图5-8),浇筑时先由1号和3号浇筑孔浇筑,2号振捣孔作为观察孔,1号和3号灌注完毕,再由2号振捣孔进行加压灌注,保证1号孔位填充满。灌注示意图见图5-9。

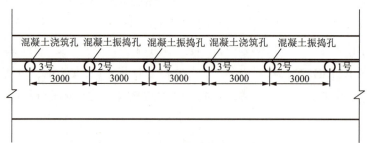

图5-8 车站顶梁浇筑孔孔位及编号(尺寸单位:mm)

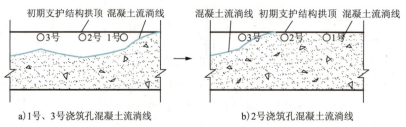

a) 1号、3号浇筑孔混凝土流淌线　　b) 2号浇筑孔混凝土流淌线

图5-9 车站顶梁浇筑示意

(4) 施工注意事项

① 钢管柱吊装破除空洞的加固

中洞临时结构对应钢管柱位置破除后,为防止侧洞施工产生挤压位移,设置井字形框

架,保证临时支护的连续,可有效地防止局部侧洞压力过大(图 5-10)。

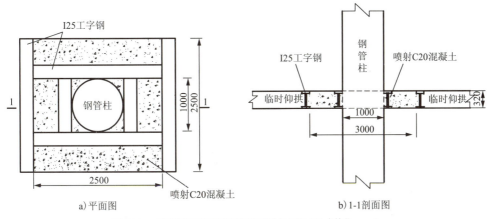

图 5-10 中洞钢管柱位置临时结构破除加固图(尺寸单位:mm)

②中洞和侧洞底板施工中的换撑施工

中洞底梁施工中,为防止底纵梁滑移,每隔 6.0m 施工一连系梁,连系梁施工前要破除临时中隔墙;侧洞底板施工中,要求破除侧洞中隔墙。中洞底纵梁和侧洞底板施工阶段,中隔墙依然是主要承重结构,破除过程采用调拆门架支撑换撑处理,见图 5-11。

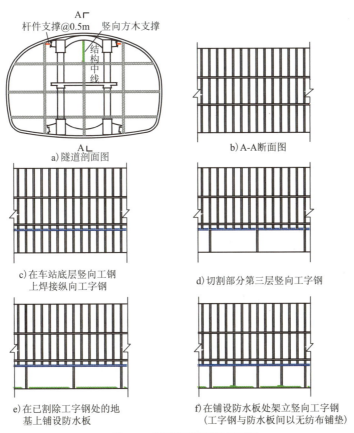

图 5-11 中隔墙破除换撑加固示意

③侧洞二次衬砌边墙施工监控量测

侧洞二次衬砌护施工中,需要破除各层的临时仰拱,必须确保临时结构破除后侧墙的安全稳定性。破除临时仰拱时采取左右两侧不对称拆除。拆除之前,在沿隧道开挖方向每 3m 布设一组量测桩,进行跟踪监测,在结构安全稳定的前提下,尽量延长二次衬砌施工长度,减少施工缝数量。

④二次衬砌回填注浆

顶梁、中洞拱部二次衬砌混凝土施工时,顶纵梁和拱顶二次衬砌混凝土与初期支护结构有一定的空隙,中隔墙破除后会引起结构的整体下沉,对结构产生较大集中应力。因此顶梁和拱部各阶段施工应及时采用掺有 XPM 的水泥浆进行背后回填注浆。

⑤局部临时支撑

二次衬砌施工过程是初期支护临时结构受力转化为二次衬砌结构受力的过程,必须采取局部增设临时支撑的措施来减少转换过程对结构的影响。

中洞拱部施工完毕,开挖侧洞前,用杆件支撑把水平推力传递到中隔墙上,中洞采用竖向支撑,对拱部已浇筑混凝土侧面进行杆件支撑,顶梁侧面采用 @500 支撑在中隔墙上,见图 5-12。

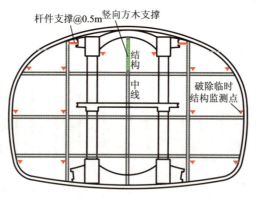

图 5-12 受力转换中局部增设临时支撑示意

5.1.4 监控量测

根据本工程的具体情况,监测项目以位移监测为主,辅以应力监测,计算结构实际受力状况,同时也使各种监测数据能够相互印证,确认监测结果的可靠性。

具体监测项目、测点布置原则及要求、仪器设备和监测频率见表 5-1。

监测项目汇总　　　表 5-1

序号	监测项目	监测仪器	监测频率	监测目的
1	地表沉降	精密水准仪,玻璃钢钢尺	初期:1~2 次/d; 后期:1~2 次/3d	掌握隧道开挖对地表及周边环境的影响程度和范围
2	建筑物沉降与倾斜			
3	地下管线沉降			

续上表

序号	监测项目	监测仪器	监测频率	监测目的
4	拱顶沉降	精密水准仪、钢挂尺	初期:1~2次/d; 后期:1~2次/3d	了解隧道施工过程中支护结构变形情况及规律
5	结构收敛	数显式收敛计		
6	底板隆起	精密水准仪、钢尺		
7	二次衬砌拱顶沉降	精密水准仪、钢挂尺	初期:1~2次/d; 后期:1~2次/3d	了解车站结构施工过程中结构变形情况及规律
8	二次衬砌结构收敛	数显式收敛计		
9	围岩压力	压力盒、频率接收仪	初期:1次/3d; 后期:1次/7d	了解隧道施工过程中围岩压力、接触应力及结构自身应力大小及分布情况
10	初期支护与二次衬砌间压力			
11	初期支护钢筋内力	钢筋计、应变计、频率接收仪		
12	二次衬砌钢筋内力			
13	钢管柱应变			

5.1.5 实施效果

本工程地处繁华十字路口,周边地下管线密布,周边建筑物众多,地面交通状况拥挤不堪,若出现沉降过大导致地面沉陷及管线断裂事故,后果将不堪设想。本工程采用单拱双柱暗挖中洞法施工,施工过程中通过实时监测体系,根据监测分析,有效指导施工,沉降控制基本有效,工程建设安全顺利完成,保证了周边建筑物、地下管线、地面交通的安全,环境效益明显。

北京地铁5号线崇文门站具有开挖断面大、地层条件复杂、施工工期长、施工工序多、无类似工程可借鉴等难点,本关键技术的成功实施,保证了地铁5号线的安全、按期完工,意义重大。

5.1.6 工程实例——北京地铁5号线崇文门站

1)工程概况

5号线崇文门站与既有地铁1号线崇文门站东端区间立交,并从其下方穿过。该站结构为双柱三跨岛式暗挖车站。车站共设置四个出入口,两条换乘通道,两座风道,其中北换乘通道增设了一条紧急疏散通道。

车站主体分A、B、C三种断面,初期支护结构均为单拱结构,二次衬砌结构采用"端进式"中间双柱三跨单层、两端双柱三跨两层连拱结构形式。两端为双层结构,地下一层为站厅层,地下二层为站台层;中间为单层结构,系站台层。车站总长度208.9m,总宽度24.2m,站台宽度14m。车站顶板覆土:双层结构为8~9.3m,单层结构为13.5m。采用中洞法施工,双层断面分4层16部开挖(单层断面分3层12部开挖),每部之间用临时中隔壁及临时仰拱分割。车站开挖轮廓线尺寸为24.2m(宽)×16m(高)。单拱双柱典型断面图见图5-13。

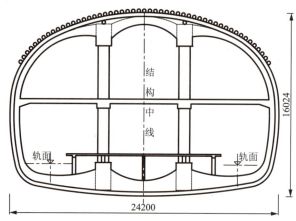

图 5-13 单拱双柱典型断面图(尺寸单位:mm)

2)地质条件

车站位于永定河冲洪积扇中部地带,地层由上至下依次为:人工填土层(Q^{ml})、第四纪全新世冲洪积层(Q_4^{al+pl})、第三纪晚更新世冲洪积层(Q_3^{al+pl})。车站隧道顶部位于粉土③层及中粗砂④$_3$层,中部位于卵石圆砾⑤层、粉细砂⑤$_2$层,底部位于黏土⑥层、黏土⑥$_1$层和细中砂⑥$_2$层。施工时要注意防止突发性的涌砂、坍塌等不良地质问题。

3)既有建(构)筑物

车站位于崇文门内、外大街与东、西大街的交叉路口,附近地面建筑物主要有崇文门饭店、北京新世界中心、哈德门饭店、金朗饭店、同仁医院、新侨饭店、崇文门菜市场等,在交叉路口的东北、东南两块是待改造的旧城区。由于地面建筑物距车站中心最近为40m,车站施工对周边地面建筑物影响较小。

横穿车站的地下构筑物主要有盖板河(其底板距车站双层断面顶部净距不足1.5m)和既有环线区间(其底板与车站单层断面顶部净距为2.858m)。由于距离近,车站暗挖施工时应采取可靠措施确保地下构筑物的正常使用和车站的施工安全。

另外,在盖板河和既有的环线区间之间规划有一条从北京站到北京西站的铁路直径线,其底板与车站顶部净距不到2m。

车站出入口及风道明挖敞口段部分与管线干扰,需进行改移或废弃。

车站所在路口为五条城市交通干道(崇文门内、外大街、东、西大街、北京站西街)交汇处,因此该地段车流量大,交通十分繁忙。

4)工程设计

车站埋深较大,暗挖部分避开了所有管线,进行暗挖作业时,需采取措施控制沉降,保证拱顶以上地下管网的正常使用。

(1)特殊地段设计

车站A断面为破马头门位置,土体为粉细砂层,经过多次扰动,马头门一侧为凌空面,结构上方有 $\phi 800$ 铸铁雨水管;车站B断面和C断面里程为原有北京护城河淤泥土,结构上方有盖板河、多条雨污水管线。为控制车站上方地表沉降,确保结构上方构筑物和管线的安全,保证施工安全,在此特殊地段设立了三段管棚,其布设区域及管棚规格见表5-2。

管棚布设区域及规格　　　　　　　表 5-2

管棚区域	管棚规格	管幕里程	施工时间(年-月-日)
A 断面马头门	φ108	K6+850.55～K6+870.55	2003-8-25—2003-9-7
B 断面过盖板河	φ377	K6+879.05～K6+901.05	2003-10-2—2003-10-9
C 断面南端	φ377	K6+925.45～K6+955.45	2003-11-6—2003-12-12

(2)暗挖车站隧道结构设计参数(表5-3)

暗挖车站隧道结构设计参数　　　　　　　表 5-3

	项　目	材料及规格	结构尺寸
初期支护	超前小导管	φ32×3.25mm, L=2.7m	纵向间距1.0m, 环向间距0.3m
	钢筋网	φ6.5, 100mm×100mm	拱墙铺设
	喷射混凝土	C20	厚度0.35m
	格栅钢支撑	φ25、φ14、φ16钢筋, I22a 型钢	纵向间距0.5m
	防水层	400g/m² 土工布 +1.5mm 厚 ECB	全包
二次衬砌	钢管柱	φ1000×16mm	两排,纵向 @6m,横向 @7.2 m
	钢管柱混凝土	C50	φ1000,纵向 @6m,横向 @7.2 m
	底板(梁)、顶拱(梁)边墙	C30 防水钢筋混凝土、S10	均为变截面
	中板、楼梯等	C30 混凝土	中板厚0.4m
	站台板	C25 混凝土	

5)工程施工

车站中洞分8部开挖,施工中按照设计的步序组织施工,确定了相临导洞错开6～8m的长度,各导洞平行作业。开始中洞衬砌施工时,底板衬砌若一体浇筑,需要整体拆除底板竖向临时支撑墙,会影响整个中洞初期支护的受力。因此优化底板衬砌方案,间隔设置连系纵梁的横梁,竖向临时支撑墙局部破除,既对中洞初期支护受力影响不大,又使整个底总梁形成稳定的框架体系,待整个中洞衬砌形成后,再填补底板横梁间的混凝土,保证了整个中洞衬砌施工的安全。侧洞开挖后,中洞拱部受力有一个重新分布调整的过程,通过对拱部衬砌两侧加设斜撑,避免了顶拱可能引起的开裂。侧洞衬砌施工,同样涉及拆撑受力转换问题,每步序都加设了监测点,并采取有效的换撑措施。整个施工过程中,没有发生一起管线事故,地表建筑物无异常情况,路面没有沉陷及空洞情况,安全和质量均处于可控状态。工程于2003年5月开工,于2005年12月顺利竣工。

6)监测情况分析

沿隧道开挖方向每5m布设一个断面,每个断面布设5个地表监测点和4个拱顶沉降监测点,特殊地段适当加密。根据监测资料统计分析,中洞地表沉降历时曲线见图5-14,数据分析见表5-4。

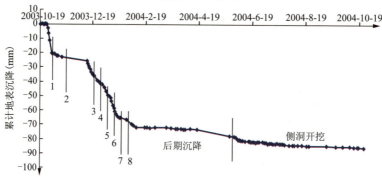

图 5-14 中洞地表沉降历时曲线图（K7+020）

1- 一层左侧通过；2- 二层左侧通过；3- 一层右侧通过；4- 二层右侧通过；5- 三层左侧通过；6- 三层右侧通过；7- 四层左侧通过；8- 四层右侧通过

各施工阶段地表沉降值及占总沉降比例（K7+020） 表 5-4

施工阶段	本阶段地表沉降（mm）	所占百分比（%）	施工阶段	本阶段地表沉降（mm）	所占百分比（%）
Ⅰ部开挖	-19.7	22.8	Ⅵ部开挖	-9.4	10.9
Ⅱ部开挖	-6.5	7.5	Ⅶ部开挖	-4.4	5.1
Ⅲ部开挖	-13.8	15.9	Ⅷ部开挖	-3.0	3.5
Ⅳ部开挖	-5.1	5.9	后期沉降	-5.6	6.5
Ⅴ部开挖	-6.5	7.5	侧洞沉降	-12.5	14.4

由图 5-14 可知，地表沉降主要发生在中洞开挖阶段，该段地表沉降占总沉降的 80% 左右；一层中洞通过时地表沉降速率最大，最大速率为 -4.60mm/d，该速率发生在掌子面通过 1d 以后，有滞后现象；侧洞开挖对中线监测点影响不大，侧洞开挖阶段该点最大沉降速率为 -0.90mm/d；主要地表沉降发生在掌子面通过期间，掌子面通过后，地表沉降可迅速趋于收敛，结构施工处于安全状态。

同时，地表沉降受地质条件影响明显，在回填土等地质较差地段，沉降量比较大。在过盖板河地段，采取超前管幕、超前注浆、背后回填注浆等辅助措施，对控制地表及结构沉降有明显作用。

5.2 洞桩法穿越既有线路施工关键技术

近年来，我国大力发展高速铁路与城际轨道交通工程，为减少占用城市土地，保护城市居住环境，常有隧道穿越城区。目前已经有石家庄市区的京广高铁入地工程、深圳市区的广深港客运专线深港隧道下穿地铁1号线工程。其中，广深港客运专线深港隧道下穿地铁1号线工程采用洞桩法施工，并采用地下商业街桩基托换技术，经过660d的施工，于2014年5月20日顺利贯通，现场实际沉降控制值为7mm。在动荷载条件下采用洞桩法开挖断面159m^2、结构间距3.1m下穿运营地铁线路、进行地下商业街桩基托换技术国内领先，国际先进，丰富了我国在隧道下穿既有线路工程施工经验，提升了隧道施工的信息化水平和工程施工决策的科学性。

下面以广深港客运专线深港隧道采用洞桩法下穿深圳地铁1号线为例，介绍洞桩法穿越既有线路施工关键技术，可为新建地铁线路（车站）下穿既有地铁线路（车站）工程提供借鉴。

5.2.1 工程概况

广深港客运专线深港隧道下穿地铁1号线暗挖段位于福田站南端，该段隧道下穿福华路地下商业街和地铁1号线会展中心—购物公园区间隧道，施工里程为DK111+986.7～DK112+069，全长82.3 m，Ⅵ级围岩。该段隧道结构和福华路地下商业街、深圳地铁1号线区间隧道平面位置重叠，相互关系为：地表为益田路与福华路相交的十字路口，交通繁忙，福华路地下一层为地下商业街，地下二层为深圳地铁1号线区间隧道，地下二层以下的垂直方向为本段暗挖隧道结构。该处地面标高约为+6.0m，地铁1号线的轨面标高为−8.02m，本段暗挖隧道轨面标高为−21.832m。开挖高度为11.88m，开挖宽度为14.7m，结构上开挖边线距离地铁1号线隧道结构底板约3.1m，内有地下商业街多根桩基伸入。在施工过程中，地铁1号线仍处于运营状态，对监测要求高，施工风险、难度大。

5.2.2 洞桩法及辅助工法

本隧道拱部采取长管棚超前支护并结合水平旋喷止水帷幕，采用洞桩法施工，非爆破开挖。拱部设2个导洞，先施工导洞，导洞完成后，在导洞内施工挖孔桩、竖向旋喷桩和冠梁等，最后采用CRD法开挖正洞。

1）洞桩法施工技术

深港隧道下穿地铁1号线区间段，采用PBA工法，由桩、梁、拱形成支护体系，正洞采用CRD工法施工，导洞及围护支撑桩位于正洞两侧，导洞位于正洞左右的拱脚处，桩顶设置冠梁，正洞采用两层二次衬砌。第一层二次衬砌采用小块模板施工，紧跟开挖掌子面，与冠梁连接，形成支撑体系。第二层二次衬砌采用台车施工。

在本工程中，洞桩法施工实际是指在隧道两侧先通过采用台阶法开挖小导洞，然后在小导洞内倒退式施作挖孔围护桩和冠梁，在施作冠梁的同时预埋隧道初期支护钢板及第一层二次衬砌钢筋，待小导洞内的挖孔围护桩和拱部预埋格栅钢架钢板全部施作完毕后，再按照CRD工法开挖正洞土体，及时跟进拱部第一层二次衬砌混凝土浇筑，从而形成桩、梁、拱受力体系。在桩、梁、拱体系的支撑下，再施工隧道正洞主体结构，既能保证地铁结构沉降的要求,又能保证正洞安全施工。

(1) 导洞、桩梁施工技术

本隧道设置2个导洞,断面尺寸为3.68m(宽)×3.74m(高)。开挖前,先对导洞全断面进行超前注浆加固,加固体达到龄期后,在导洞底部超前钻孔检查注浆效果。导洞采用超前小导管支护,台阶法开挖,并架设钢架,每榀0.8m间距。由于空间狭小,采用人工开挖,每循环进尺0.8m及时架设钢架喷射混凝土。开挖中,做好导洞内和地铁及地下商业街监测,变形达到预警值时,立即停止开挖,封闭掌子面,查明原因,采取措施后,方可继续开挖。在竖井及福田站侧墙上开导洞洞口前,必须按设计做好侧墙临时加固措施,确保侧墙结构安全。开洞避开框梁结构,确保结构稳定不受破坏。

在洞桩法施工过程中,应严格按"十八字"方针"管超前、严注浆、短开挖、强支护、早封闭、勤量测"组织施工。在小导洞开挖时,在工作面前超前注浆,封闭工作面前方的地下水,减少地层失水,确保工作面始终处于无水作业状态,避免因上层滞水泄漏造成工作面前方土体坍塌造成地面严重沉降。同时,在开挖小导洞时要严格按照短台阶作业方法,在工作面前要留核心土,对工作面的土体进行支撑,避免坍塌造成地铁结构沉降值超限。小导洞开挖完毕后立即对开挖面初喷混凝土、挂钢筋网片、架立格栅钢架,最后一次将混凝土全部喷完,特别是对格栅钢架背后部位要喷射密实,待喷射后的混凝土达到规定强度后要及时进行初期支护注浆,确保初期支护背后密实。

(2) 洞内挖孔桩施工

待隧道拱脚部位导洞贯通后,在导洞内施作挖孔灌注桩,洞内挖孔桩共102根,桩径为1.2m,桩长为9.5m,导洞内空间狭小,挖孔桩跳桩施工,提升机按照导洞尺寸定制。根据场地条件,采用上场12台特制提升机,沿导洞远离正洞一侧墙角布置金属排水槽,将地下水引排至导洞外集水井内。挖孔桩跳桩开挖施工,钢筋笼底节在洞外加工场加工成型,其他各节下好料,在孔口边接长主筋边绑扎钢筋笼,主筋采用直螺纹连接。混凝土采用泵管入孔灌注,混凝土由导洞外的混凝土输送泵泵送至料斗。

(3) 洞内旋喷桩施工

由于导洞内场地限制,挖孔桩全部完成后,再开始桩间旋喷桩施工。旋喷桩采用两重管旋喷机施工,自内向外逐根施工。水泥浆搅拌机、注浆泵和空压机均设置在洞外,拌制好水泥浆后,再由注浆机喷入孔内。渣土及时清运至竖井内,再提升外运。

(4) 冠梁施工

挖孔桩及旋喷桩都施工完成后,清理导洞内杂物,凿除桩头,施工冠梁。为保证混凝土浇筑振捣密实,从中间向两端分段浇筑,每浇筑一段(约8m),及时浇筑冠梁以上的导洞回填素混凝土,拱顶采用注浆填充密实。冠梁浇筑前注意预埋好连接正洞初期支护钢架和正洞第一层二次衬砌钢筋等预埋件。冠梁主筋贯通植入地下商业街桩基内,植筋时应符合规范要求。

2) CRD工法施工

本隧道正洞长82.3m,围岩为Ⅵ级,采用CRD工法在两端同时非爆破掘进施工。

（1）施工工序

CRD 工法施工是将隧道断面分成左、右两大部分，每侧导坑分为两个台阶开挖。左、右平行施工，交错掘进，开挖面前后距离错开 3m 左右。采用人工和机械长台阶开挖支护。上台阶掌子面垂直开挖，每开挖一个循环（0.5m），及时安装钢架喷射混凝土，下台阶按设计放坡开挖。掌子面采用玻璃纤维锚杆超前预加固。洞内临时支护，采用 I20a 工字钢进行中隔壁和临时仰拱支撑，以确保施工安全。分部开挖由于断面小，出渣采用小型挖装设备装运渣土，运至竖井内后再由龙门吊运至地面。

（2）洞身初期支护施工工艺和方法

本隧道初期支护采用 I25a 型钢钢架及 $\phi 8$ 钢筋网，喷射 C30 混凝土；掌子面临时支护采用 $\phi 25$ 玻璃纤维锚杆并喷射混凝土；临时支撑采用 I20a 型钢钢架，喷射 C25 混凝土。

（3）第一层二次衬砌施工

根据洞桩法原理，为尽快形成桩梁拱承载体系，将荷载传递至桩基，抑制拱部沉降，拱部第一层二次衬砌宜紧跟初期支护。右侧上台阶每开挖 3~4m 时，及时施工拱部第一层二次衬砌，为不影响掌子面开挖及初期支护，定制 2 个 3m 长的定型台架加小模板，每 3m 浇筑一次拱部第一层二次衬砌，浇筑时，左右两个台架上模板连接成整体，一次浇筑拱部。

3）地下商业街桩基托换技术

在施工第一层二次衬砌过程中，隧道中部遇到 7 根地下商业街的桩基，需将桩基与第一层二次衬砌的钢筋连接为一体，底板第一层二次衬砌紧跟右侧下台阶初期支护施工，每开挖 6~8m，浇筑一次，中间临时钢架直接浇筑在底板中，遇商业街中间桩基时，预留后浇缺口，待桩基截断后再补上。边墙紧跟底板施工，每 6~8m 浇筑一次，采用木模背型钢，用锚固在钻孔桩内的拉杆加固。绑扎第一层二次衬砌钢筋时，需要在托换处与植入 7 根地下商业街的桩基的钢筋及桩基主筋进行焊接，使第一层二次衬砌与 7 根地下商业街的桩基形成一个有效的整体。第一层二次衬砌施工时，必须保留临时支护和伸入隧道内的桩基。

（1）被托换桩截桩作业

①第一层衬砌达到预期的设计强度后，且全面观测沉降变形稳定后，在第二层二次衬砌开始施工时，逐根开始截桩。

②截桩前做好各项应急措施，在截桩过程中尽可能减少对第一层二次衬砌的振动，采用人工小型机械截除。

③切断被托换的商业街桩时，断桩位置在第一层二次衬砌混凝土面约 200mm 处，先沿桩周开一条深 100mm 宽 200mm 的断口，在此过程中钢筋不断，同时应加强观测桩基上设置的观测点沉降变化情况，每次切断口的深度不得超过 100mm，且应遵循由外向内、层层剥离的原则，将桩身混凝土全部凿除后再断桩身钢筋。

（2）施工监测与控制

由于桩基托换工程对结构受力和变形有特殊要求，桩基托换工程施工应建立监测、控制联动的系统全过程监测，及时收集和反馈测量资料，并自动根据反馈信息调整结构标高，控制结构变形，要求设立施工监测机构与第三方监测机构。

在被托换的桩基上设置自动化监测装置，在截桩过程中实时进行监测，同时在第一层二次衬砌混凝土表面及钢筋设置应力计，观测受力状况。

桩基托换工程应在桩基托换及隧道施工过程中根据相关规范规程中有关结构差异变形的总要求，施工监测与第三方监测均委托专业监测单位进行，在施工前，两方根据设计要求，报具详细监测方案，经评审确认后方可实施，确保施工安全和地下商业街结构安全。

(3) 第二层二次衬砌施工

第二层二次衬砌自南向北逐段施工。在仰拱防水板铺设完毕后，立即绑扎钢筋浇筑仰拱第二层二次衬砌和仰拱填充混凝土。再铺设拱墙防水板，绑扎拱墙钢筋，最后采用液压衬砌台车浇筑拱墙第二层二次衬砌。

5.3 盾构法穿越既有线路加固关键技术

目前，盾构法施工技术已广泛应用于地下工程的施工中，盾构法穿越既有线路施工具有以下特点：

(1) 不需要进行降水，可消除降水施工对既有线路的影响。

(2) 施工速度较快，区间隧道盾构日进尺一般 6～16m，甚至达到 24m，穿越施工周期短，实施洞内监测和工程配合周期较短，对既有线路运营影响时间短。

(3) 衬砌一次完成，不需多次受力转换。

(4) 通常条件下，施工对周围地层的扰动较小，对临近的既有线路影响也相对较小。

因此，穿越既有线路的地铁区间隧道常优先选用盾构施工。因既有线路对变形控制要求较高，穿越既有线路施工通常还需采取适宜的辅助处理措施，包括对既有线路的加固措施和施工控制措施。当地面有条件时，可以采用树根桩、旋喷桩或深孔注浆预先对既有线路结构周边地层或基础进行加固。下面以北京地铁直径线穿越北京地铁 4 号线宣武门站为例，介绍新建宣武门站的加固关键技术。

5.3.1 工程概况

宣武门站主体结构里程范围为 K7+736.7～K7+924.6，全长 187.9m，车站为两边双层、中间单层全暗挖车站。双层断面为两柱三跨三连拱结构，采用 PBA 逆作法施工。单层断面和其南侧双层断面两沉降缝之间距离共计 44.65m，其中单层 ZD 断面长 11.25m，宽 26.4m；双层 ZA 断面长 30.75m，宽 22.9m。车站主体结构南侧共有市政管线 26 条，其中含有大型上水管和雨污水管等管线。

北京铁路地下直径线连接北京西站与北京站,采用外直径为11.6m的盾构机进行施工,在直径线里程DK4+540～DK4+567段、4号线里程K7+809.72～K7+821.32段下穿正在施工的地铁4号线宣武门站。盾构机结构顶部距离宣武门站底板底4.98～6.12m。

盾构机与宣武门站相对位置关系见图5-15。

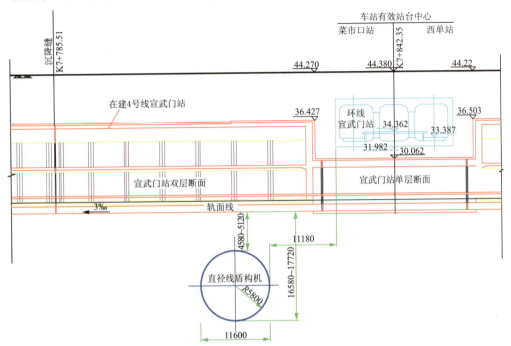

a) 盾构机与宣武门站相对位置纵剖面图

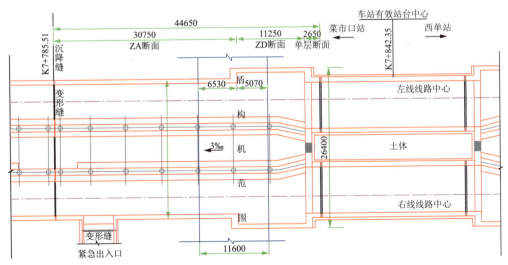

b) 盾构机与宣武门站相对位置平面图

说明:
1. 本图除标高以m计外,其他尺寸以mm计。
2. 在直径线里程DK4+540～+567段穿过宣武门站。
3. 在4号线里程K7+809.72～K7+821.32段下穿宣武门站。

图5-15 直径线盾构机与宣武门站相对位置关系

5.3.2 工程地质及水文地质条件

1）工程地质条件

宣武门站工程地质条件由上往下依次为：

(1) 宣武门站拱顶覆土层：杂（粉）填土①层、①$_1$层厚4.5m；粉质黏土层厚3.4m。

(2) 宣武门站站体穿越土层：粉细砂④$_3$层、中粗砂④$_4$层厚3.0m；卵石圆砾⑤层、中粗砂⑤$_1$层厚2.8m；粉质黏土⑥层、细石中砂⑥$_2$厚4.8m；卵石圆砾⑦层、细中砂⑦$_2$层厚5.2m。

③宣武门站底板以下土层：卵石圆砾⑦层厚6.9m；黏土⑧、⑧$_2$层厚1.9m；中粗砂⑨$_1$层厚1.4m；卵石圆砾⑨层厚2.1m；黏土⑩$_2$层。

盾构穿越地层包括：卵石圆砾⑦层、黏土⑧、⑧$_2$层；中粗砂⑨$_1$层、卵石圆砾⑨层和黏土⑩$_2$层。其中盾构中线以下有一层黏土夹层。现场底板实际揭示的地层显示，卵石粒径最大为15cm，平均粒径在6cm，含石率大于50%。宣武门站地质纵剖面图见图5-16。

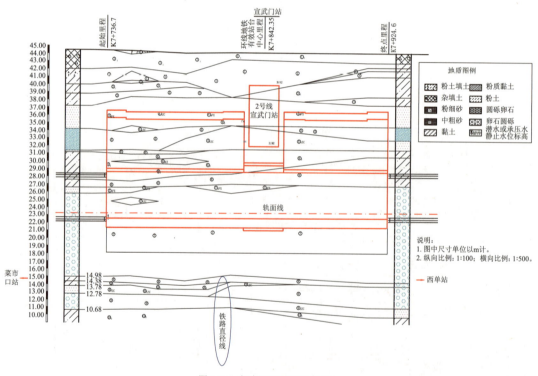

图5-16 宣武门站地质纵剖面图

2）水文地质条件

宣武门站自开工以来持续降水，目前水位标高位于底板底以下0.6m的卵石圆砾⑦层，根据勘测资料显示，该段地下水属潜水，中粗砂充填，渗透系数大，为强透水层，对注浆加固时板凳梁沟槽开挖施工影响很大。

5.3.3 底板加固方案

1）对底板进行加固的原因

直径线盾构从宣武门站底板底以下近距离穿过,同时盾构所经范围距离既有地铁 2 号线宣武门站较近(11.18m),为防止盾构施工时对在建地铁 4 号线和既有地铁 2 号线宣武门站结构不均匀沉降影响,保证两站结构和地面以下市政管线的安全,需从 4 号线宣武门站底板下对基底土体进行加固。

2）设计加固方案

采用板凳桩—托梁 + 预注浆加固方案。

（1）板凳桩—托梁设计

在地铁 4 号线宣武门站结构底板下沿直径线隧道结构外 2.2m 两侧设 2 道纵梁,两纵梁之间每跨结构内各设 1 道横梁(共 3 道),每道纵梁下设 6 根 $\phi 800$ 钻孔灌注桩,桩长 20.0m;纵梁尺寸宽×高为 2.0m×2.2m(边桩下底梁处为 2.0m×1.1m),横梁尺寸宽×高为 1.5m×1.8m。纵横梁开槽形式为 U 形槽式。采取两侧壁超前管注浆($\phi 42@750mm$,$L=3.5m$),格栅钢架($@750mm$) + 网喷混凝土(厚 250mm、C25 混凝土)护壁法成槽,必要时设置临时横向支撑。

板凳桩—托梁施工方案见图 5-17。

（2）注浆设计

采用小导管注浆,注浆管采用 $\phi 42$、$t=5mm$、$L=3.3m@1000mm$、梅花形布置的钢管。注浆浆液采用水灰比为 0.6 的水泥单液浆,注浆压力 0.5～0.58MPa。

注浆范围:竖向加固范围是车站底板底向下 4.0m;东、西向为宣武门站结构底板宽度;南、北向为相应沉降缝向南、向北各 3m,即 K7+782.5～K7+833.2。主体结构底板土体注浆加固范围见图 5-18。

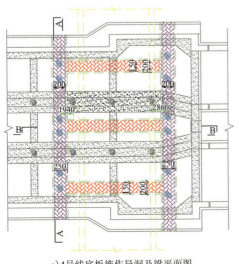
a)4号线底板施作导洞及梁平面图

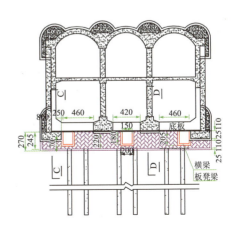
b)A-A剖面图

图 5-17

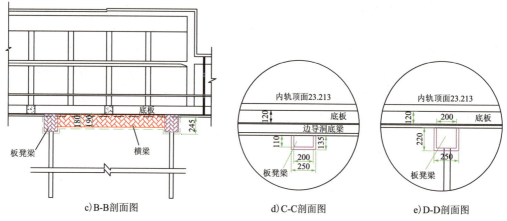

c) B-B剖面图 d) C-C剖面图 e) D-D剖面图

图 5-17 板凳桩—托梁施工方案图（尺寸单位：mm）

注浆管在成型结构以外采取垂直布置注浆孔、穿越成型梁体结构时采取倾斜布置注浆孔的方式进行布孔注浆。

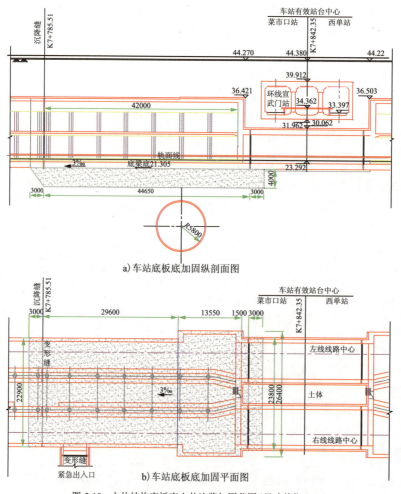

a) 车站底板底加固纵剖面图

b) 车站底板底加固平面图

图 5-18 主体结构底板底土体注浆加固范围（尺寸单位：mm）

3)加固施工工艺流程(图 5-19)

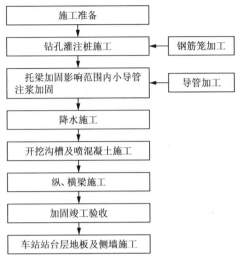

图 5-19 加固施工工艺流程图

5.3.4 控制既有结构变形措施

在施工过程中,主要采取以下措施减小宣武门站既有结构变形:

(1)提前对盾构通过范围之外的车站底板进行加固注浆,并施工相应底板和站台层侧墙二次衬砌,使结构尽早封闭形成整体,缩短结构暴露长度。

(2)对盾构通过范围暂不能施工站台层侧墙和底板段,采取在其中板以下边墙纵向施工缝(中板与边墙衔接倒角下 100mm)和边桩下底梁之间安装工钢支撑,对已成型结构进行加固。加固参数为:双排 I22a 工字钢,长 6.9m,在盾构机通过里程 K7+809~K7+822 段纵向间距 1.25m,其他地段 2.5m。

(3)施工过程中,根据监测数据,必要时增加竖向工钢和横向工钢连接,形成工字钢框架对既有结构进行加固。

(4)施工车站 ZA 与 ZD 断面相交接处以及单双层断面处的四个暗柱起到了框架支撑体系的作用,使结构受力更趋合理。

(5)降水井施工时,控制成孔速度,严格控制护壁泥浆或水泥浆的相对密度,避免成孔过程中出现坍孔。

(6)开槽前,对梁底部及槽两侧预先注浆,并且严格控制注浆质量,确保开槽过程中土体不发生坍塌。

(7)开槽初期支护分节施工,及时喷混凝土封闭,梁体钢筋混凝土尽快施工,对预防既有结构的变形起到很重要的作用。

(8)加强施工过程中的监控量测,及时调整施工参数,以监测数据指导施工,这是控制结构变形的有效措施。

第6章

无夹持土下穿既有线路施工关键技术

Key Construction Technology of Underground Excavation for Subway Crossing Existing Lines

Key Construction Technology of Underground
Excavation for Subway Crossing Existing Lines

前已述及，根据新建线路（车站）与既有线路（车站）之间是否直接接触，可将新建线路（车站）下穿既有线路（车站）分为有夹持土和无夹持土两种情况。传统上，采用夹持土方法，即在新建结构和既有结构之间保留2～10m夹持层，以减小上层结构变形，但这种方案会使既有结构产生较大变形，成本投入却依然较大，与突飞猛进的地铁发展需要存在一定差距，同时还造成地下空间资源浪费。随着科技的发展，无夹持土成为可供选择的一种穿越方式。

6.1 无预留桩下穿既有线路施工关键技术

当穿越的既有地铁建设年代久远时，如北京等城市先期建设的地铁线路，未预留穿越施工条件或接口条件。新建下穿工程施工时，不仅要确保在施工程本身的安全，还要确保运营线路在施工期间的正常运营以及周边环境的安全，设计和施工难度非常大。下面介绍无预留桩情况下的地铁下穿既有线路施工关键技术。

6.1.1 技术概述

在无预留桩穿越既有线路施工中，如果新建地铁与既有地铁结构之间无夹持土，可通过多种辅助工法联合分步施工，施工过程中采用多个千斤顶，顶托既有地铁结构物并分级加载，以保证施工期间上方既有线路安全正常运营。下面以中铁隧道局集团有限公司承担的北京地铁10号线公主坟站下穿既有地铁1号线公主坟站工程为例，介绍其所研发的密贴下穿既有线路暗挖隧道群顶顶托关键技术。

北京地铁10号线公主坟站下穿既有地铁1号线公主坟站，施工现场周边建筑众多、管线复杂；商业发达，人流密集，隧道暗挖施工过程中，防止引起过量地层移动和地表下沉、防止既有建（构）筑物发生过量变形与破坏是主要技术难题。中铁隧道局集团联合相关单位开展科技攻关，从安全风险、质量控制、进度保证、现场操作、工程造价等方面对洞桩法、中洞法、CRD法以及是否刚性接触下穿既有线路进行了分析和比选，最终形成了"密贴下穿既有线路暗挖隧道群顶顶托工法"，该工法在处理地层与结构、新建隧道施工与既有建（构）筑物保护方面效果明显，技术先进，具有明显的社会效益和经济效益。

工艺原理：密贴下穿既有线路新建地铁结构施工过程中因土方开挖卸载，引起其上部既有地铁结构和周边介质应力重新分布，从而造成既有结构的过量变形，通过预安装在新建初期支护结构上的多个大吨位千斤顶，形成群顶顶托，对既有地铁结构提供反力补偿，随着开挖及二次衬砌的施作，分级加载、动态调控，控制既有结构（差异）沉降，进而确保既有结构安全及地铁正常运营。

密贴下穿既有线路暗挖隧道群顶顶托关键技术具有如下特点。

（1）利用地下空间时空效应和群顶顶托并分级加载原理。设计遵循"新建隧道平顶直墙、新旧结构刚性接触"原则；施工按照"分部开挖、部部成环，分次结构、主动加撑；分次设顶、顶顶群托，分级加载、动态调整"要求。

（2）规避了新建地铁下穿建（构）筑物常规施工方法沉降较大、对既有地铁运营带来较大安全隐患及需限速从而导致运力下降的风险，另辟蹊径，安全可控，为类似工程提供了新思路。

（3）下卧隧道矩形大跨断面联合新旧结构刚性密贴接触，较其他断面利用率高，且避免了新旧结构之间夹持土层施工前需采取管幕及超前外扩注浆等措施，减少投入，具有经济、高效的优点。

（4）隧道分部开挖时空效应与群顶顶托同步实施且相互补偿，满足了既有线路的（差异）沉降控制要求。随着工程进展，开挖空间越来越大，沉降控制越来越难，但千斤顶数量相应增加、顶托分级加载，尤其是开挖贯通后多台千斤顶同步顶托，有效解决了断面增大、卸载增加引起的沉降过大难题。

（5）施工过程中密贴接触开挖、千斤顶始终外露，应变监测直观准确，顶力大小动态可调，操作过程便利有效，充分保证了工效及进度目标。

综上所述，该技术适用于地下有限空间立体开发新建构筑物下穿既有线路或其他大型构筑物等对（差异）沉降要求高的暗挖工程施工。

6.1.2 施工工艺流程

1）施工步序

施工准备→开挖轮廓线内加固→一侧导洞台阶开挖支护、群顶顶托→侧导洞内结构施工、加设立柱→另一侧导洞台阶开挖支护、群顶顶托→侧洞内结构施工、加设立柱→加设型钢横撑→中导洞台阶开挖支护→中洞结构分段施工→回填注浆→拆除群顶。

2）工艺流程

工艺流程详见表6-1。

密贴下穿既有线路暗挖隧道群顶顶托施工工艺流程（尺寸单位：mm）　　表6-1

序号	施工步序图	工序说明
1	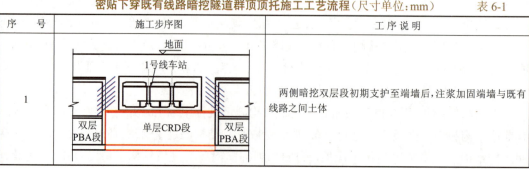	两侧暗挖双层段初期支护至端墙后，注浆加固端墙与既有线路之间土体

续上表

序号	施工步序图	工序说明
2	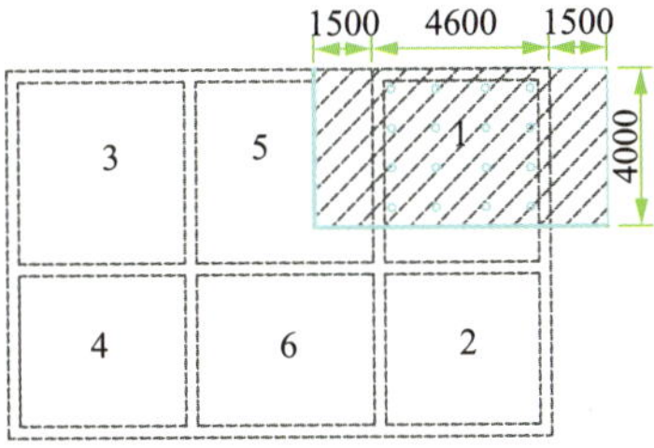	对小导洞1上半部分做超前深孔注浆加固,小导管采用 $\phi 25 \times 2.75 \text{mm}$、$L=10\text{m}$ 热轧钢管,共设置两排四列,注浆压力根据现场调整
3	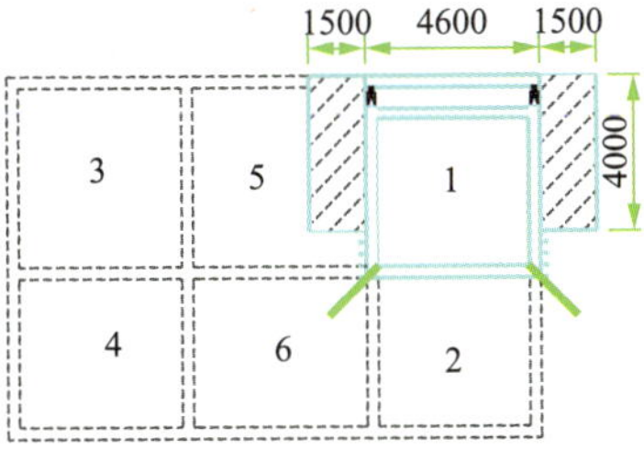	小步距相向、左右对称开挖小导洞1,开挖前在侧壁打设 $\phi 25 \times 2.75 \text{mm}$、$L=1.8\text{m}@0.3\text{m}$ 小导管超前支护,每榀布置,每1.5m 安装一次千斤顶
4	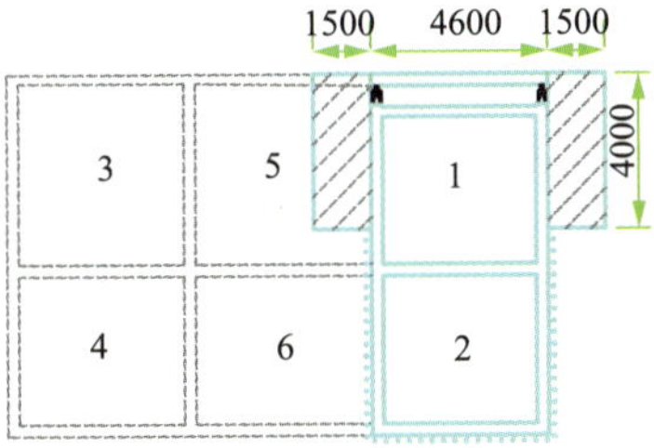	小步距开挖小导洞2,开挖前侧壁打设小导管超前支护。参数同小导洞1
5	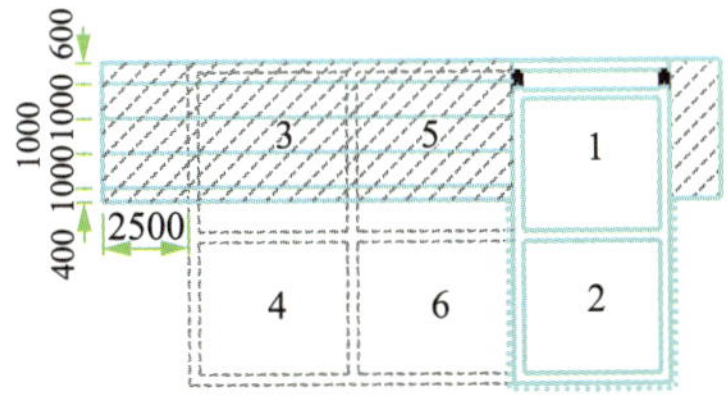	对小导洞1钢架侧壁的千斤顶加载,预压地层,动态控制既有车站底板沉降。在导洞1侧壁上进行横向深孔注浆
6	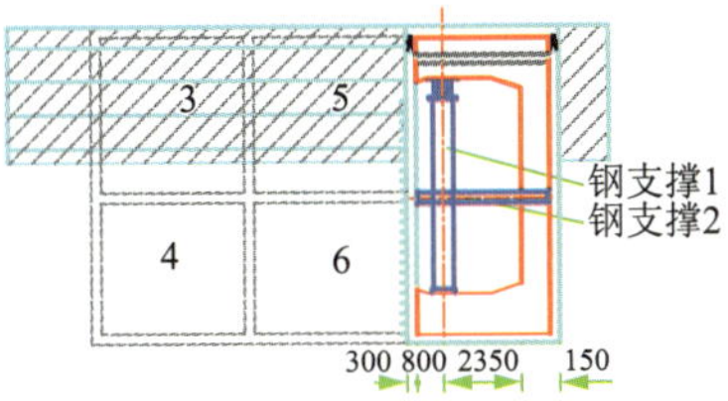	在1、2导洞内施作防水层及二次衬砌结构。顶板与底板间设钢管柱支撑(带千斤顶),略加垂直顶力,以顶紧密贴为原则。侧墙与初次衬砌之间横向型钢直撑与二次衬砌模板同时架设
7	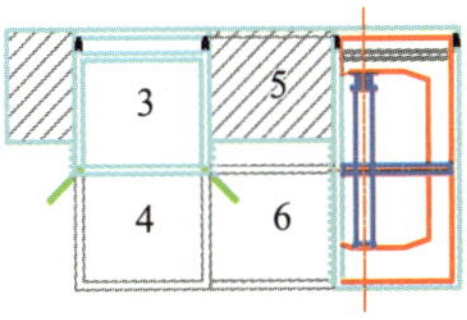	小步距开挖小导洞3,开挖前对导洞侧壁打设小导管超前支护。参数同小导洞1

107

续上表

序号	施工步序图	工序说明
8		小步距开挖小导洞4,参数同小导洞2。钢格栅封闭后对小导洞3侧壁的千斤顶加载,动态控制既有车站底板沉降
9		在3、4洞室里施作二次衬砌结构,其他要求同第6步
10		小步距开挖小导洞5。凿除局部初次衬砌,架设顶板间型钢支撑
11		小步距开挖小洞室6。凿除局部初次衬砌,架设底板间型钢支撑
12		加大两侧钢管柱直撑顶力,根据监测,拆除小导洞5两侧壁型钢格栅及千斤顶,再凿除导洞5、6其余初次衬砌格栅中隔壁
13		分段施作剩余防水层及二次衬砌结构
14		待二次衬砌结构混凝土达到设计强度95%以上时,根据监测结果,逐步减小垂直撑千斤顶顶力,直至拆除。拆除过程中,通过顶板与既有车站底板间预埋管压力注浆,控制沉降

6.1.3 施工技术要点

1）注浆加固

（1）超前深孔注浆

① 设计参数

1、3、5 部小导洞拱顶下，竖向 4.0m（软弱地层）范围、横向 18.05m（开挖轮廓线适当外放）范围内，采用 $\phi25\times2.75$mm 热轧钢管超前深孔注浆加固地层，注浆浆液为水泥浆并添加外加剂，注浆压力 1.0～1.3MPa，水灰比 0.6～2.0，浆体无侧限抗压强度 0.8MPa。

② 施工方法

采用能满足现场操作空间所需的 ZLJ-250 型水平地质钻机分节成孔，钻杆分节长 2.0m，之间用专用接头连接。成孔后退出钻杆，插入预先加工成型的注浆管进行注浆。

1 部注浆纵向在小导洞范围内进行，每循环长度 10.0m，前后注浆段搭接 2.0m。考虑施工方便，3 部和 5 部上半断面通过预先贯通 1 部侧壁成孔横向注浆实现，注浆管长 12.25m，纵向间距 0.5m，上下共 4 排。

（2）背后回填注浆

① 初期支护背后注浆

初期支护内预留 $\phi25\times2.75$mm 回填管，$L=0.9$m；采用单液水泥浆，注浆压力 0.3～0.5MPa，纵向间距 3m，横向间距拱部 2.0m、边墙 2.5m，梅花形布置。注浆深度为初期支护背后 0.5m。

② 二次衬砌背后注浆

二次衬砌顶板纵向施工缝处预留 $\phi42\times3.25$mm 回填管，纵向间距为 5m；采用与二次衬砌等强度无收缩水泥浆，注浆压力 1～2MPa，水灰比 0.8～1.0。

2）开挖掘进

采取"分部开挖+群顶顶托"掘进，每部内采取台阶法施工，台阶长度不超过 3m，部与部之间保持 4～6m 安全距离。下穿段基本处于连续分布砾岩层、局部分布泥岩层和砂岩层中，开挖采用人工配合风镐进行。

3）初期支护

初期支护采用钢筋网+连接筋+（型钢）钢格栅（间距 0.5m）+喷射混凝土支护；每 1.5m 安装一榀 H440mm×250mm、H300mm×300mm 型钢，其上安放 150t 千斤顶。

侧墙内外双层梅花形布设 ⌀25@350mm 螺纹钢筋做连接筋，格栅临土侧安装 $\phi6$@150mm×150mm 钢筋网，喷射混凝土强度为 C25。

1、3、5 部导洞架设格栅时，清除底部浮渣，露出持力层，如发现格栅悬空情况，在其下塞入楔形钢板，同时还需施作快凝、快硬混凝土垫层（TGRM 水泥），以作为型钢支撑持力层。

4）群顶顶托

千斤顶采用 150t 液压数显自锁式千斤顶，纵向间距 1.5m，每断面共计 4 个。二次衬砌施工时，1、3 部外侧墙上千斤顶直接浇入结构混凝土内，内侧千斤顶进行拆除。

在型钢支撑封闭成环，且拱顶型钢横撑架设完成后，即采用移动泵站预加顶力，每台移动泵站同时负责14台千斤顶。仰拱封闭成环后,即施加30~70t顶力,初期支护结构强度达到一定要求后,施加70~90t顶力,在5、6部初期支护施工阶段,可施加90~110t顶力,并根据监测结果,动态调整千斤顶顶力大小。顶力按每5t分级逐步进行施加。顶力施加完毕后,采用钢楔子将顶部工字钢与初期支护结构之间缝隙楔紧。共需112个千斤顶。群顶布设见图6-1。

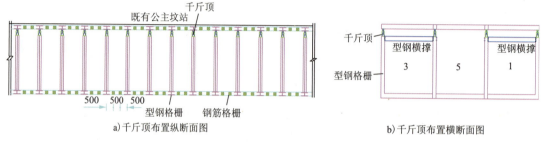

图6-1 初期支护结构群顶布设示意(尺寸单位:mm)

5)临时立柱

5部开始掘进前在已完成侧洞二次衬砌内架设竖向临时钢立柱,采用$\phi 609$钢管,纵向间距3.0m,每根临时立柱顶端设置一台70t液压自锁千斤顶(共36个),施加顶力并根据监测数据情况,拆除两侧临时中隔墙,以确保临时初期支护中隔墙拆除时既有线路结构安全。二次衬砌施工及背后注浆完成后,在混凝土达设计强度后,根据监测数据适时拆除临时立柱。

6)二次衬砌施作

二次衬砌随开挖分段分幅对称施作,先施工两侧洞口段,再施工中间,最后施工剩余部分,以尽早为既有车站结构提供刚性支撑。实际分5段施作衬砌,如图6-2所示。每段衬砌施作的顺序为:1~4部内为底板→侧墙→顶板,5、6部内为底板→中柱→顶板。

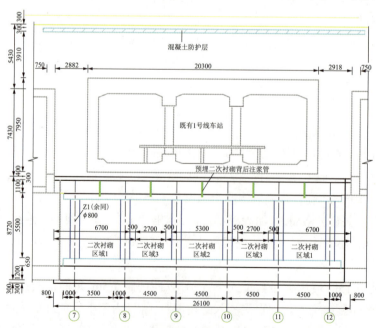

图6-2 下穿既有车站暗挖单层段混凝土浇筑分段示意(尺寸单位:mm)

(1) 侧洞

导洞 1、2 部和 3、4 部底板整体铺设柔性防水层、绑扎钢筋、浇筑混凝土;边墙和顶板分部分段进行施工,在底板施工完成后,并不拆除临时仰拱,并重点监测侧墙初期支护水平位移,即可进行两侧洞边墙防水层、钢筋和混凝土施工,达到一定强度后,进行顶板施工。

在二次衬砌施工完成后,适时架设临时钢管柱($\phi 609 \times 16mm$)和侧洞间横向型钢支撑(Ⅰ35b 型钢)。

(2) 中洞

导洞第 5、6 部土体开挖完成后,根据监测结果,调整外侧千斤顶顶力和侧洞临时钢管柱顶力,防止既有结构出现沉降,考虑到拆除初期支护中隔墙时受力转换对沉降影响较大,根据监测数据分段拆除临时中隔墙和中间千斤顶,再分段进行第 5、6 部底板、中柱及顶板的二次衬砌施工。

(3) 注意事项

拆除临时支撑时要求加强观测,在每段衬砌成环,混凝土达到强度可以起支撑作用时方可进行下段衬砌施工。

确保拱顶二次衬砌混凝土浇筑的饱满密实度,及时进行二次衬砌背后回填注浆,回填注浆液经过试配采取等强度浆液,并掺 XPM(防收缩增强外加剂),填充混凝土收缩产生的空隙,并减少浆液自身的收缩。

7) 沉降控制措施

施工过程中,出现了多次预警,针对出现的预警情况,采取了针对性控制沉降措施。

(1) 增设临时立柱和千斤顶

1、3 号导洞净跨为 4.0m,为了减小既有线路列车通过时结构弹性变形以及初期支护结构在回填注浆过程中的沉降,选择在每榀型钢钢架跨中附近增加临时立柱及千斤顶,以减小初期支护结构跨度并增加整体顶升力。临时立柱由 2 根[32b 槽钢组成,使用 200mm×260mm×10mm 的钢板将 2 根槽钢焊在一起,钢板间距 500mm,详见图 6-3。

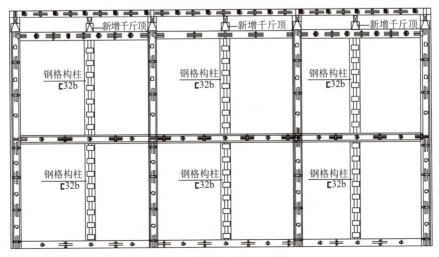

图 6-3 新增临时立柱和千斤顶

(2)采用超细水泥浆进行初期支护背后填充注浆

①注浆浆液、配比和压力

由于前期注浆量较大,加之结构间为密贴刚性接触,初期支护背后空隙较小,普通水泥浆已无法注入,根据类似过既有线路经验,初期支护背后回填注浆对既有结构控制沉降效果较为有效,且有一定抬升作用,故后期采用超细水泥浆进行初期支护背后回填注浆。浆液水灰比不大于 0.8,另掺水泥质量 10% 的 XPM。回填注浆压力 0.5~0.8MPa。注浆压力有明显上升或者注浆量持续较大时,密切注意周围环境变化。

②保证注浆效果措施

注浆采取多台注浆机从不同部位同时注浆,以提高注浆面积,加大"抬升"力。

③防止浆液逃逸措施

随时观察既有线路内部沉降缝处变化,若发现有注浆液体从沉降缝渗入既有线路结构内部,则立即停止注浆,对沉降缝进行处理,然后根据处理情况再进行后续作业。

与地铁运营公司建立联系,观察站台板下结构渗漏跑浆情况,若发现有浆液从沉降缝渗入站台板结构内部,处理方法同上。

(3)多台千斤顶形成群顶顶托

型钢钢架封闭成环后及时加力,首次加力值为 35~40t,最大达 130t,以 5t 为一级分次加至预定值。1 部导洞贯通后采用 3 台高压油泵控制 3×14 台千斤顶同时加力顶托。加力时由现场监测组及时与第三方监测机构联系既有结构数据变形情况,做到在监测数据指导下进行施工。

另外,将设顶拱部型钢与相邻格栅之间初期支护混凝土及连接筋全部切断,使型钢顶部形成相对独立体,以保证顶托效果。

(4)初期支护施工步序及台阶控制

考虑到 1 部开挖高度较高(达 5.2m),分上、下台阶高度太大,危险性较大。实际开挖过程中优化为分上、中、下 3 级台阶施工,上台阶长度保持 1.5m,下台阶长度 0.5m,尽量达到快速封闭成环,台阶放坡坡度不大于 80°。

另外,对初期支护施工工序进行了优化,将 1、3 部洞室初期支护先行贯通,每封闭一次型钢支撑即对其上千斤顶预加顶力,以避免 2、4 部初期支护全部封闭再施加顶力的时间过长带来沉降隐患。

(5)侧导坑临时仰拱后续拆除

侧导坑 1、3 与 2、4 间临时仰拱在施工侧洞结构不拆除,直接置于结构混凝土内,破除喷混凝土确保侧墙初期支护位移受控,同时保证 5、6 部开挖时支护封闭固定。对于外包防水未封闭部分,采用进口橡化沥青进行封堵。

6.1.4 质量控制要点

(1)施工过程中,严格执行"快封闭、早加顶、密监测、勤调整、不卸力、重转换、慎拆撑、高注浆"24 字方针。

①在预加顶力前,所有沉降控制只能依靠传统矿山法工程措施,造价高,效果不明显,只有尽快完成初次衬砌封闭后,尽快施加顶撑力,才能变被动为主动,更好地控制上部结构沉降。同时尽量形成多台千斤顶群顶效应,保证顶托效果。

②在千斤顶加力之前,切实注意护顶板和强基础两个关键。防止既有结构底板因局部抗压而破坏以及基底压实不好,以免造成后期施加顶撑力基底位移过大、沉降不易控制。

③密监测、勤调整。在顶撑力作用过程中,对既有结构变形、顶撑力变化、基底沉降变化和隧道净空变化等的监测一定要加强,且采用动态实时监测手段,对各工况变化参数及时收集、整理、筛选、分析、判断、决策,尽快将信息流转化为处理指令,对顶撑系统适时调整,方能发挥其直接有效的位移监测效果。

④在类似工程整个工序过程中,由于土方开挖、初期支护架设、支撑转换、二次衬砌施作等作业的需要,控制位移支撑方式、大小、位置会有多次变化,在这个受力转换过程中,一定要掌握"主动顶力预先,后监测受力,再谨慎切换"的原则,一步卸力,前功尽弃。

⑤在工程即将完成时,对顶撑系统处置要谨慎,顶撑支点原则上直接浇筑在结构中不再拆除,对由于工序要求必须拆除的支点,一定要遵守"不卸力、重转换"的原则。同时在新建结构二次衬砌混凝土完成后,必须对新旧结构间的空隙进行压力注浆。对既有车站底板沉降进行调整,同时保证夹缝注浆的整体性、耐久性和足够强度。

(2)加强超前注浆及初期支护背后回填注浆效果和及时性,也是防止沉降的主要措施。注浆作业人员应经过专门培训,熟练掌握浆液配比、注浆流程等作业要点。

(3)将拱部型钢与相邻格栅之间的初期支护混凝土及连接筋全部切断,使型钢顶部形成相对独立体,顶升效果比较明显。

(4)千斤顶进场前进行检查并标定,确保稳压锁定装置良好。

(5)每步小导洞跨中新增设临时型钢支撑上下对应,且必须用靠尺对其垂直度严格检查和控制。

6.1.5 工程实例

1)工程概况

(1)平面位置及标准断面

北京地铁 10 号线公主坟站,位于复兴路与西三环中路交汇的新兴桥桥区绿地内,为 10 号线与既有 1 号线十字交叉换乘车站,采用"分离岛"站台形式。车站呈南北向布置,10 号线在下,1 号线在上。

车站全长 193.65m,为两端双层、中间单层车站。双层段为单跨圆拱直墙箱形结构,采用 PBA 工法施工,下穿既有线路段采用"密贴下穿"设计、"群顶顶托"施工。

下穿段长 26.1m,结构净宽 11.75m,高 6.32m,顶板覆土约 12.5m,为单层双跨平顶直墙矩形结构。新建车站与既有车站平面关系见图 6-4,下穿既有车站断面图见图 6-5。

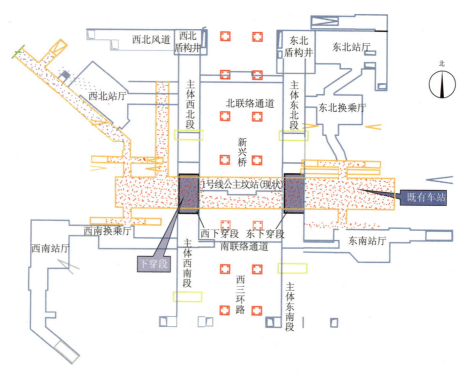

图 6-4 新建车站与既有车站平面关系图

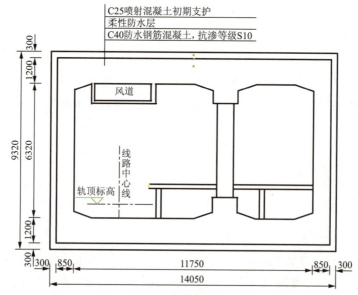

图 6-5 下穿既有车站断面图(尺寸单位:mm)

(2)新建车站与既有车站位置关系

新建车站采取"零距离"刚性接触下穿既有车站,单层段为两个分离式双跨矩形断面,单个矩形断面的开挖尺寸宽×高为14.05m×9.32m,两矩形断面之间的净距为49.2m。

新建车站单层段下穿施工影响范围内存在既有1号线车站四条变形缝,左线左侧距变形缝1.271m,右侧距变形缝11.659m;右线左侧距变形缝10.521m,右侧距变形缝2.409m。

新建车站与既有车站位置纵断面图见图6-6,横断面图见图6-7。

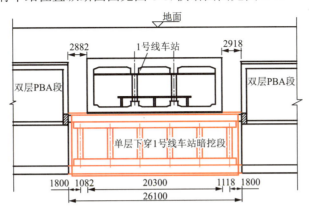

图6-6 新建车站与既有车站位置关系纵断面图(尺寸单位:mm)

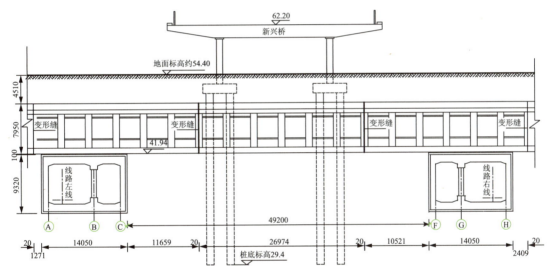

图6-7 新建车站与既有车站位置关系横断面图(尺寸单位:mm)

(3)工程地质条件及水文地质条件

①工程地质条件

根据PBA工法导洞开挖实际地质揭露,既有线路底板以下0～0.5m为卵石⑤层,下部主要为砾岩⑪层,⑤层与⑪层交界处以下0～3.5m为强风化砾岩。

②水文地质条件

场区地下水类型为上层滞水、松散岩类孔隙潜水和风化岩裂隙水。单层段拱顶以下0～4m存在岩裂隙水。

(4)单层段结构设计参数及沉降标准

①设计参数

超前注浆采用深孔注浆和小导管联合支护,注浆浆液为单液水泥浆,注浆压力1.0～1.3MPa,

水灰比 0.6~2.0,注浆体强度 0.8MPa。

初期支护采用钢筋网＋连接筋＋钢格栅(型钢)+C25 喷射混凝土支护,间距 0.5m;每 1.5 m 安装一根 H440mm×250mm、H300mm×300mm 型钢,其上安放 150t 千斤顶。二次衬砌采用 C40、P10 钢筋混凝土。

②沉降控制值

既有线路沉降控制值 3mm,变形缝两侧差异沉降不超过 2mm。为了总沉降值、差异沉降值都能够在控制范围内,分别按照最大值的 70% 和 80% 作为预警值和报警值。

2)施工效果

北京地铁 10 号线公主坟站下穿既有线路段为平顶直墙结构,采用"刚性零接触"密贴交叉方式,采取"6 分部开挖＋先侧洞后中洞＋群顶顶托分级加载"方案施工,规避了新建地铁下穿建(构)筑物常规施工方法沉降较大、对既有地铁线路运营带来较大安全隐患及需限速从而导致运力下降的风险,具有安全的优点。既有线路沉降控制值 3mm,变形缝两侧差异沉降不超过 2mm。采用此工法,上覆既有线路最大沉降 2.98mm,最大差异沉降 1.20mm,取得了良好的社会效益。下卧隧道矩形大跨断面联合新旧结构刚性密贴接触,较其他断面形式利用率高,且避免了有夹持土情况下新旧结构之间夹持土层施工前需采取管幕及超前外扩注浆措施的情况,同时施工所需场地面积小,断面利用率高,该方案施工成本降低了 10%,具有良好的经济效益。

6.2 有预留桩下穿既有线路施工关键技术

目前,在地铁建设规划时,如果后续再建下穿地铁线路(车站)相隔时间较短,多采用同期施作换乘站,即地铁交叉点上下建(构)筑物一次性建成。如果后续再建下穿地铁线路(车站)相隔时间较长,为节省初期投资,先期地铁建设时可预留桩;在后续建设下穿线路(车站)时,在预留桩和既有结构底板(相当于新建结构物的顶板)的保护下进行施工,既有利于既有地铁线路(车站)的沉降控制,又有利于确保施工安全。

下面以沈阳地铁 9 号线铁西广场站下穿既有 1 号线车站工程为例,介绍有预留桩隧道施工关键技术。

6.2.1 工程概况

1)工程位置

铁西广场站位于建设中路与兴华北街路口的北侧,为 9 号线与既有 1 号线车站的换乘车站,与1号线呈T字形相交。车站东侧为华润置地商场,西侧为市公安局铁西分局、中国工商银行铁西支行等,十字路口东南角为铁西广场,西南角为第一商城。

工程具体位置见图6-8。

2)风险工程概况

新建9号线车站为三层车站,通过南端的下穿段与两层的既有1号线车站呈T形换乘。换乘节点下穿段为单层双跨箱形框架结构,利用1号线预留条件采用暗挖法密贴既有车站底板施工,并通过既有车站底板预留的换乘节点、楼梯开洞条件与之接驳,具体见图6-9和图6-10。

图6-8 铁西广场站暗挖下穿段位置平面图

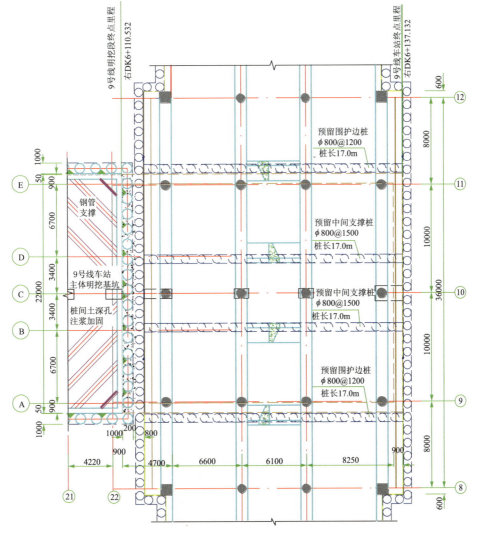

图6-9 新建车站与既有车站平面关系图(尺寸单位:mm)

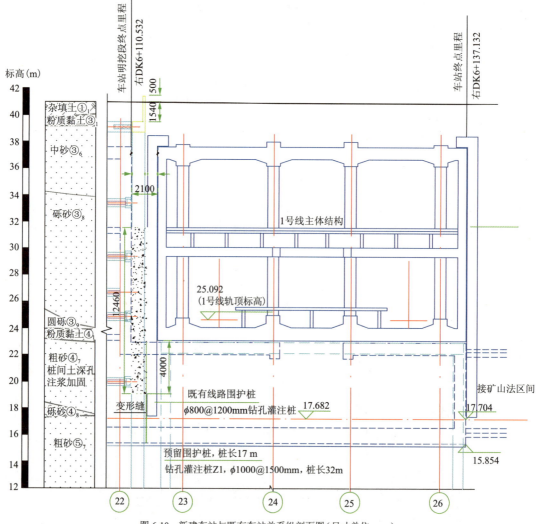

图 6-10 新建车站与既有车站关系纵剖面图(尺寸单位:mm)

(1)既有 1 号线车站

1 号线铁西广场站为双层三跨岛式站台车站,有效站台宽度 12m,车站主体结构总长 166.7m,标准段宽 20.5m,换乘节点处加宽至 24.6m。标准段结构为双排 ϕ800 钢筋混凝土柱,采用纵梁承重体系,各层板横向形成三跨连续结构。换乘节点区中楼板局部下沉,三道楼板横梁切断纵梁。换乘节点区底板横截面加大,顶底梁截面加高,且增大纵向分布钢筋的配筋率。

1 号线车站底板下为 9 号线车站下穿预留了围护边桩及中间支撑桩,围护边桩为 ϕ800@1200mm 钻孔灌注桩,中间支撑桩为 ϕ800@1500mm 钻孔灌注桩,桩长 17m。底板预留了换乘节点楼梯开洞条件。

(2)新建 9 号线车站

9 号线车站为三层两跨箱形框架结构(局部三层三跨),主体明挖基坑宽 22.1m,深

25.6～26.4m,明挖段二次衬砌外皮距离1号线车站外皮1.9m。单层下穿段在预留桩支护条件密贴暗挖下穿1号线车站结构,暗挖段二次衬砌顶板上皮距1号线底板下皮约98～193mm,需局部凿除1号线底板下垫层。

暗挖下穿段为单层双跨结构,里程桩号K6+110.532～K6+137.132,全长26.6m,南端墙对应区间左右线隧道设置预留洞口。围护结构依靠既有车站预留的钻孔桩,在桩间挂$\phi 8@150mm \times 150mm$钢筋网片,喷射80mm厚C25混凝土,并在顶、中、底部设置三道I28型钢支撑(中洞仅顶部和底部)。内衬结构主要尺寸见表6-2,结构横断面形式见图6-11。

结构主要尺寸　　表6-2

部　位		材料及规格	结构尺寸(宽×高)	备　注
顶板	顶板	C40、P10钢筋混凝土	0.9m厚	采用自密实混凝土
	顶纵梁		1.1m×1.9m	
底板	底板		1.2m厚	
	底纵梁		1.4m×2.4m	
侧墙			0.9m厚	含南端墙
柱子	临时支撑柱	C40钢筋混凝土	0.5m×0.5m	
	中柱	C50钢筋混凝土	0.9m×1.2m	24、25轴
			0.9m×2.65m	23、26轴

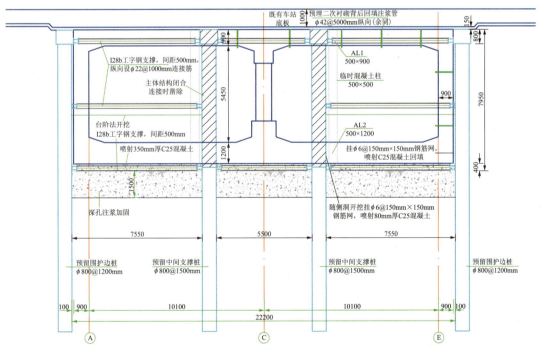

图6-11　铁西广场站暗挖下穿段横断面图(尺寸单位:mm)

3)工程地质与水文地质条件

暗挖下穿段主要位于④$_1$粉质黏土层、④$_7$粗砂层、⑤$_8$砾砂层。勘察期间,场地各勘探孔在勘察深度内均遇见地下水,地下水类型为孔隙潜水,稳定水位埋深在10.3～11.1m,相当于绝对标高 31.19～31.80m。前期车站明挖段施工时,已通过坑外降排水将水位降至底板以下约 1m,暗挖段施工中将继续进行降水作业,以确保暗挖作业无水施工。

6.2.2 总体施工方案

暗挖下穿段由既有车站施工时预留的 4 排桩隔离成 3 个洞室。先对称进行两侧洞的开挖及支护,每洞分上下两台阶开挖,再分段施作该部分的主体结构;侧洞结构强度达到 80%后,分上下台阶开挖中洞,再分段凿除预留桩,施作对应的主体结构,同先施工的结构连成整体。下穿段暗挖施工的渣土集中存放于已经施作完成的明挖结构底板上,并从顶板预留工作孔吊出。

铁西广场站下穿 1 号线暗挖段施工工序见表 6-3。

铁西广场站下穿 1 号线暗挖段施工工序示意　　表 6-3

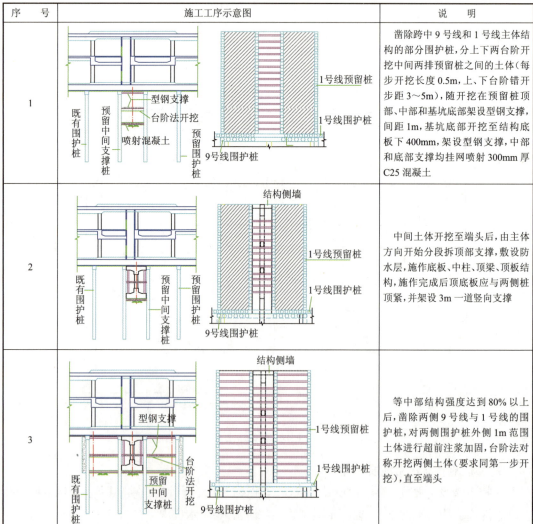

序号	施工工序示意图	说明
1		凿除跨中 9 号线和 1 号线主体结构的部分围护桩,分上下两台阶开挖中间两排预留桩之间的土体(每步开挖长度 0.5m,上、下台阶错开步距 3～5m),随开挖在预留桩顶部、中部和基坑底部架设型钢支撑,间距 1m,基坑底部开挖至结构底板下 400mm,架设型钢支撑,中部和底部支撑均挂网喷射 300mm 厚 C25 混凝土
2		中间土体开挖至端头后,由主体方向开始分段拆顶部支撑,敷设防水层,施作底板、中柱、顶梁、顶板结构,施作完成后顶板顶板应与两侧桩顶紧,并架设 3m 一道竖向支撑
3		等中部结构强度达到 80% 以上后,凿除两侧 9 号线与 1 号线的围护桩,对两侧围护桩外侧 1m 范围土体进行超前注浆加固,台阶法对称开挖两侧土体(要求同第一步开挖),直至端头

续上表

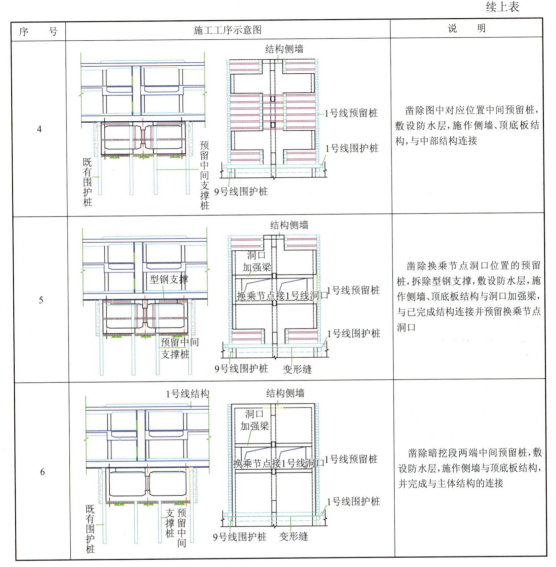

序号	施工工序示意图	说　明
4		凿除图中对应位置中间预留桩，敷设防水层，施作侧墙、顶底板结构，与中部结构连接
5		凿除换乘节点洞口位置的预留桩，拆除型钢支撑，敷设防水层，施作侧墙、顶底板结构与洞口加强梁，与已完成结构连接并预留换乘节点洞口
6		凿除暗挖段两端中间预留桩，敷设防水层，施作侧墙与顶底板结构，并完成与主体结构的连接

6.2.3　工程难点及对策

车站主体暗挖下穿1号线车站，开挖步序多，工序转换快，应力转换频繁；且需要在1号线车站底板开洞，安全风险大。如何降低施工对1号线车站结构和周边环境的影响以及保证施工中1号线安全运营，是本工程的难点之一。

主要对策和措施包括：

（1）施工前，需对施工影响范围内的既有线路结构、地下管线、邻近建（构）筑物做进一步核实、调查。

（2）开洞处对主体围护桩和既有线路围护桩做好截桩处理并设矩形门框进行开洞加固。

（3）开挖前采用超前小导管对既有线路预留桩两侧土体进行超前注浆加固，小导管采用

ϕ32,长度2.5m,纵向沿预留桩间距每一桩缝打设一次,竖向间距300mm,浆液采用水泥水玻璃双液浆;经检测土体满足强度要求后,方可进行开挖施工。

(4)开挖严格按主体暗挖段施工步序要求进行,做好型钢+喷射混凝土支撑,分段截除预留桩施工主体结构以保证施工安全。

(5)暗挖施工遵循"管超前、严注浆、短开挖、强支护、快封闭、勤量测"的原则,根据实际地质条件及时调整辅助施工措施和施工方法,以确保施工质量和施工安全,发现特殊情况及时通知有关单位。

(6)暗挖结构二次衬砌强度达到设计强度的90%以上方可拆模。

(7)1号线底板预留了洞口加强梁,底板开洞采用直线无振动切割技术破除结构。

(8)做好应急预案和应急演练,在施工场地适当地点备置抢险物资,以防意外。

第 7 章

上跨既有线路施工关键技术

Key Construction Technology of Underground
Excavation for Subway Crossing Existing Lines

Key Construction Technology of Underground
Excavation for Subway Crossing Existing Lines

第 7 章 上跨既有线路施工关键技术

当新建暗挖地铁线路（车站）位于既有地铁线路（车站）上方时，新建结构对既有结构的影响主要体现在因加载和卸载而对既有结构造成的下沉和上浮。在以往浅埋暗挖大跨断面隧道的施工实践中，侧洞法、中洞法难以有效控制沉降，目前已经基本不再采用。从近年的工程实践来看，浅埋大跨单拱两柱暗挖结构上穿既有地铁（或铁路）的地下工程施工中，为减小施工过程中的地面沉降和对既有地铁（或铁路）的影响，可根据现场情况选用柱洞法或洞桩法施工。

本章主要介绍新建暗挖地铁线路柱洞法上跨既有地铁线路的施工关键技术。

7.1 概述

7.1.1 技术特点

所谓柱洞法，是先进行拱部范围内大管棚超前支护，将单层单拱双柱暗挖车站按"中柱法"横向分成侧洞、柱洞、中洞五部分，每部分分为3层进行施工。在施工过程中对新建车站底部穿越既有隧道部位周边土体采取地层注浆、锚杆加固等系统性保护措施，可严格控制既有线路隧道结构隆起变形，确保既有线路隧道的绝对最大位移、变形曲率半径、相对弯曲变形控制在规定范围内，可严格控制施工地段的地表沉降和地层变形，确保变形值控制在规定范围内，能充分保证既有线路的正常运营和既有线路结构使用年限不受影响，对周围环境的不良影响很小。

柱洞及施工分块示意图见图 7-1。

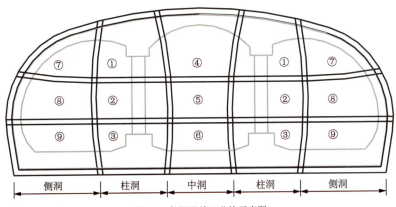

图 7-1 柱洞及施工分块示意图

7.1.2 工艺原理

在先进行超前支护的前提下,车站采用中柱法施工,将整个断面横向分为侧洞、有柱的柱洞和中洞5部分,每部分分为3层进行施工。先自上而下对称施作柱洞初期支护,再由下而上施作柱洞二次衬砌,建立起纵梁、中柱支撑体系。完成后施作两个柱洞之间的中洞初期支护和二次衬砌,形成整个大中洞稳定体系,再对称自上而下施工两侧洞的初期支护,最后纵向分段自下而上对称施作侧洞二次衬砌,完成结构闭合,使高跨比小的大断面结构被分解成高跨比合适的小断面。

施工中对新建车站底部穿越既有隧道部位周边土体进行注浆加固和设置预应力锚杆加固,采取减小单次卸载量、分阶段施加预应力锚杆等措施及时补偿部分卸载量。同时对既有线路进行监控量测布点,24h 不间断远程进行电子监测,根据监测信息及时进行信息反馈和设计施工参数调整,结合施工二次衬砌及时补偿卸载,以减小并控制既有线路隧道的变形在一定范围内。形成加固、开挖、补偿、再加固、再开挖、再补偿的卸载模式,得以从改变新建暗挖车站底部和既有隧道周边土体性质、及时补偿部分卸载和降低地下水位等方面来增强既有隧道抗卸载纵向变形,有效控制既有隧道隆起,使工程结构施工中的地层变形和应力得到有效地控制,充分确保既有线路运营的安全。

7.2 施工工艺流程

按施工准备→施作超前支护→柱洞对称开挖支护→柱洞底纵梁、钢管柱及顶纵梁施工→中洞拱部开挖支护→中洞拱部衬砌→中洞下部开挖→中洞底板衬砌→侧洞对称开挖支护→侧洞对称衬砌→内部结构施工的施工工艺流程顺序进行,施工步序示意及工序说明见表 7-1。

施工步序示意及工序说明　　　　表 7-1

序号	施工工艺示意图	工序说明
1		第一步:施作超前支护,开挖中部两侧1号洞室,施作初期支护,两侧同号洞室宜对称同步开挖,注浆加固以下地层
2		第二、三步:采用台阶法前后开挖两侧2、3号洞室,施作初期支护,两侧同号洞室宜对称同步开挖,1、2、3号洞室纵向间距3~5m

续上表

序 号	施工工艺示意图	工 序 说 明
3		第四步:局部基底注浆加固并施工预应力锚杆,施作基底防水及底纵梁,架设钢管柱,施作相应顶部防水及顶纵梁;预设施工缝,设临时支撑固定
4		第五步:中洞上台阶Ⅰ部开挖,纵向紧跟施作拱初期支护,两侧临时中隔壁穿孔及时架设顶梁水平型钢支撑
5		第六步:中洞Ⅰ部纵向紧随下台阶开挖,视监测情况调整型钢支撑,分段凿除顶部两侧临时中隔壁并施作中拱顶板防水与二次衬砌;二次衬砌宜采用满堂红碗扣式脚手架+可调圆弧模板
6		第七步:继续开挖中洞中间Ⅱ部,施作初期支护
7		第八步:跟随开挖中洞下台阶Ⅲ部土体,穿洞架设临时钢支撑,开挖至基底及时封闭底部初期支护,Ⅱ、Ⅲ号洞室纵向间距3~5m
8		第九步:凿除两侧临时中隔壁,完成中洞底板防水层及二次衬砌
9		第十步:中洞内衬形成稳定承重结构后,开始侧洞4号洞室对称开挖初期支护
10		第十一步:紧跟采用台阶法对开挖两侧5号洞室,4、5号洞室纵向间距3~5m

续上表

序 号	施工工艺示意图	工序说明
11	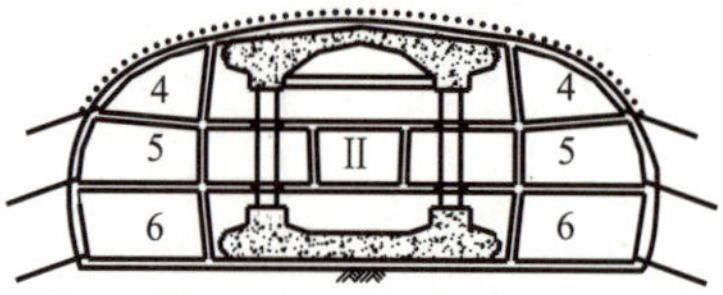	第十二步：对称完成最后的两侧6号洞室开挖并施作初期支护，5、6号洞室纵向间距3～5m
12	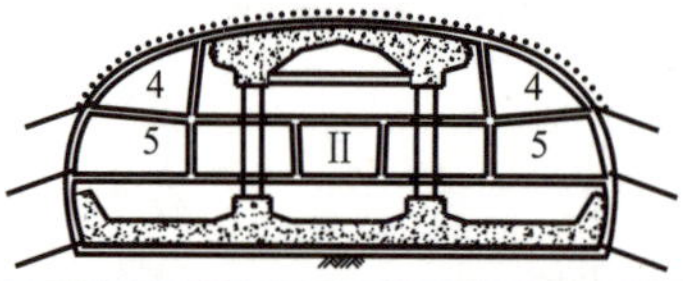	第十三步：根据监测情况纵向分段拆除中隔壁、临时支撑，逐步完成侧洞底板防水与二次衬砌；两侧导洞内作业应左右对称
13	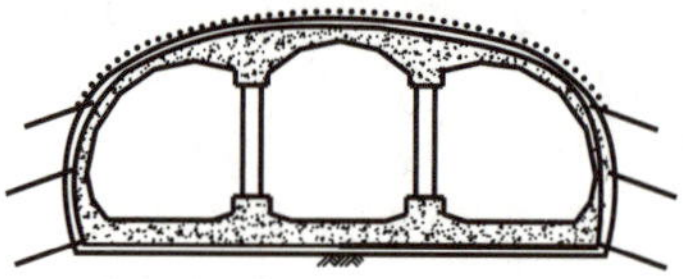	第十四步：根据监测情况纵向分段拆除剩余所有临时仰拱、中隔壁，逐步完成侧洞拱墙防水层以及二次衬砌，二次结构全部封闭

7.3 施工技术要点

7.3.1 施工准备

（1）针对工程环境、技术难点和设计要求，进行技术研讨与方案论证、选择，进行施工方案最大可能的优化和细化。

（2）大管棚施作的机械设备选型及进场。

（3）通过两侧明挖基坑外降水井降低地下水位，保证开挖无水作业。

（4）有针对性地给施工班组下达书面技术交底，并将技术要点传达到每个作业工人，同时进行现场交底。

7.3.2 超前支护

1）大管棚施工

管棚采用"TT40型水平导向钻机钻 $\phi 180$ 导向孔，然后采用TT145型夯管锤夯进 $\phi 159$ 钢管"的方法施工。

2）超前小导管施工

小导管头部加工成尖锥状，尾部焊箍，管壁上钻 $\phi 6$ 注浆孔，间距50cm，梅花形布置，离尾部 60cm 内不开孔,顶入长度不应小于管长的 90%。

在初期支护喷射混凝土后用风镐排设,均布在格栅钢架下且密贴,排设后与拱架主筋焊接。超前注浆采用水泥—水玻璃双液浆,注浆压力 0.5～0.7MPa,采用注浆量及压力双控。

7.3.3 开挖支护

柱洞、中洞和侧洞开挖均采取台阶法开挖,分 3 层共 15 部开挖并施作初期支护,两侧同号洞室宜对称同步进行,每分部之间用临时中隔壁及仰拱分割。

1)支护

初期支护采用钢格栅 + 连接筋 + C20 网喷混凝土支护体系;临时支护采用工字钢 + 纵向连接筋 +C20 网喷混凝土支护体系;每洞室各层台阶长度 3～5m。1 部与 3 部掌子面保持 6～10m 距离。

2)开挖

暗挖车站外轮廓拱墙径向外放 10cm,循环进尺 0.5m(每榀拱架的间距),严格按开挖外轮廓线开挖,避免超挖,禁止欠挖;拱部采用弧形导坑预留核心土人工开挖,为确保施工安全,要求开挖掌子面进行刷坡,不得陡于 2∶1,及时喷射混凝土封闭掌子面,严禁垂直或反坡开挖。

3)钢架安设

加工要达到连接板布置合理,尺寸与结构精准。安装架立前必须核对拱架的型号、方向和尺寸,禁止使用不合格拱架,并应清除底脚下的虚渣及其他杂物,超挖部分用混凝土或砖块垫实,必要时在拱脚设一暗梁,纵向连接筋加密,用喷射混凝土喷实,严禁拱脚置于虚土上;架设中需要控制好间距、标高、净空、垂直度,接点要对齐、螺栓要上齐、拧紧;由于开挖步序多,土体多次扰动,要求在每小洞室拱脚布设锁脚锚管,注浆加固,减小沉降。

4)连接筋、钢筋网安设

纵向连接筋采用搭接焊接连接,要求焊缝长度符合要求,焊接饱满,无药皮,保证无漏焊、焊伤现象;纵向连接筋成一条直线,环向间距误差控制在 3cm 之内,与钢架主筋焊实;钢筋网片要求与钢架主筋点焊。

5)喷射混凝土施工

喷射混凝土前,对施工缝进行认真清理,保证底部无虚渣、积水;要求喷射混凝土密实,无空洞,不得出现脱落和露筋现象;钢架间喷射混凝土厚度满足设计要求,无大的起伏凹凸,表面平整圆顺,做到密实;喷射作业应分段、分片、分层,由下而上,依次进行,如有较大凹洼时,应先填平;分层喷射时,后一层喷射在前一层混凝土终凝后进行,若终凝 1h 后再进行喷射时,应先用风水清洗喷层表面;一次喷射厚度可根据喷射部位和设计厚度确定,拱部应为 3～5cm,墙部为 5～9cm。

6)背后回填注浆

每洞室支护封闭 3～5m 后,即进行初期支护背后回填注浆,填充背后孔隙,减小地表沉降；背后注浆管每断面布置三根，分别设于拱顶和两侧拱肩部位，纵向间距 3m；注浆管采用 ϕ42 小导管，长度 50cm，在喷射混凝土前预埋，并与格栅钢架焊接在一起，内端用牛皮纸包裹，外端露出支护表面 10cm，用棉纱封堵加以保护，采用 0.3～0.4MPa 压力注水泥浆（1∶1）；对回填注浆后仍有漏水现象的区域，进行重新排管再注浆、多次注浆，直到渗漏水被堵住为止。

7.3.4 二次衬砌施工

1）底纵梁衬砌

底纵梁分段（长 7m 左右）施工，采用酚醛板外背方木龙骨联合钢管支撑作为模板支撑体系。底纵梁混凝土为大体积混凝土，对商品混凝土采取双掺技术、控制水胶比，防止混凝土由于温度应力及约束条件而开裂。混凝土采取纵向分段竖向分层自下而上浇筑，严格控制分层厚度。由于钢筋较密，采用较大坍落度混凝土，用小直径振捣棒插入式振捣，在钢管柱底座附近小心振捣，避免对钢管底座的扰动。

2）钢管柱施工

钢管柱的钢管采用工厂加工，钢管、钢筋笼现场吊装，混凝土使用商品混凝土。

钢管在工厂生产完成后，需对其进行探伤试验和垂直度、长度等各项常规检查。到现场吊装完成后，对钢管柱的位置进行严格的测量定位。钢管与底盘焊接完成后，需再次对焊缝进行探伤试验，并对其的垂直度严格把关，连接法兰采用抗剪高强螺栓，按照要求进行。最后浇筑混凝土，避免与管内壁产生空隙，采用微膨胀混凝土。

3）顶纵梁衬砌

（1）顶纵梁铺设防水板时，预留接头距离要破除中隔壁 500mm，边沿用双面胶带固定在防水垫层上，以防破除中隔壁混凝土时风镐碰破及割除格栅时烧伤防水板。

（2）顶纵梁的钢筋预留接头应远离防水板并考虑冷挤压设备的操作空间。

（3）由于顶纵梁截面较大，需提前破除相应部位临时仰拱的喷射混凝土，不割除仰拱钢架，底部竖向脚手架坐在已施工的底纵梁上，同时设置扫地杆和剪刀斜撑，确保整体刚度，以免失稳。

（4）顶纵梁采取分段（长 7m 左右）施工，采用酚醛板外背方木龙骨联合碗扣式满堂脚手架形成模板支架系统。混凝土浇筑口设在端头板上部，同时在纵梁侧面上方间隔设置排气孔，采用高性能免振自密实混凝土。

4）中洞扣拱衬砌

中洞扣拱采取纵向分段施工，将影响施工的临时支护分段拆除，采用组合可调圆弧钢模板+碗扣式满堂红脚手架模板支撑体系，依据初期支护方向施工二次衬砌，纵向分段长度为 6～8m（一倍跨距左右），施工缝设在柱跨 1/3～1/4 跨度处。

5）侧洞拱墙衬砌

侧洞开挖贯通后，逐段对称拆除中隔壁，每次拆除长度为一个衬砌循环的长度，严禁超前拆除。侧洞拱墙采用组合可调圆弧钢模板一次浇筑成型,纵向分段长度为6～8m。

7.3.5 既有线路加固

为防止车站暗挖段在上穿既有线路区间时,由于既有线路上部卸荷而造成的区间隧道结构变形破坏,采用预注浆和锚杆对既有线路进行地基加固。加固的范围为:

①新建车站暗挖段横断面边缘一侧外延6.49m至另侧外延6m。

②沿新建车站纵向从到既有线路隧道边缘前6m起至既有线路隧道另一侧边缘后外延6m。

③加固深度为结构底部向下9m。

预注浆及预应力锚杆加固横断面范围见图7-2。

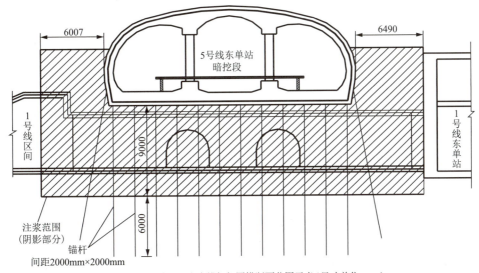

图7-2 预注浆及预应力锚杆加固横断面范围示意(尺寸单位:mm)

1)预注浆

在各个洞室的第1步开挖中,在洞内对下部土体进行注浆加固。预注浆参数可取孔间距1.0m,梅花形布置。注浆材料选用抗压强度不低于30MPa的超细水泥浆,注浆压力0.4～0.5MPa。

加固既有线路注浆采用二重管无收缩双液注浆技术。二重管钻机钻杆具有成孔和双液注浆功能,确保钻孔和注浆连续、快速进行。钻孔时清水从端头混合器的端点送出,利于成孔;钻孔到指定深度,端点关闭进行横喷射切换,用注浆泵将双液浆同时压入外管和内管,并在端头混合器内混合进行横向喷射,使注浆液能浸透到地层中。注浆时采用电子监控手段实施定向、定量、定压注浆,使地层的空(孔)隙间充满浆液并固化,改变岩土层的性质。采取后退式注浆,后退幅度每步为15～30cm,匀速后退,当压力突然上升或从孔壁溢浆时,应立即停止注浆,查明原因后采取调整注浆参数或移位等措施重新注浆。二重管钻机的钻杆兼作注浆管,为 $\phi 42$ 或 $\phi 33.5$ 钢管,双重管,外管压入 A 液,内管压入 B 液。连接钻机和注浆泵的管材为高压胶管;止浆系统通过注入浓浆封堵钻杆和孔壁的间隙来实现。

2)锚杆加固地层

锚杆呈梅花形布置,间距 $2m \times 2m$,锚杆有长为 15m 及 10m 两种,贴近既有线路区间采用长锚杆;主体结构边缘锚杆为斜向外侧下方设置(与垂直方向夹角为 10°),其余为垂直向下设置。杆体材料为 $2\phi 32$ 特种螺纹钢(与锚具配套),全长为锚固段,锚杆轴向拉力设计值 230kN;锚杆注浆材料为水泥浆,其抗压强度不低于 30MPa。

锚具和连接锚杆杆体的受力部件,均承受 95% 的杆体极限抗拉力;锚杆预应力锁定值取轴向拉力设计值的 0.6~0.8 倍;锚杆施工前,取两根锚杆进行钻孔、注浆、张拉锁定的试验性作业,考核施工工艺和施工设备的适应性,锚杆孔深不应小于设计长度,也不宜大于设计长度 1%,钢筋的接头应采用单面搭接焊,并排钢筋的连接采用分段点焊。

采用地质钻机钻设 $\phi 100$ 孔至设计深度,后置入杆体,杆体连接在孔口进行,杆体上间隔设置定位器;及时采用软管后退式注入水泥浆,待浆液达设计强度后,采用穿心式千斤顶按设计预张力 σ 的 $0 \to 0.5\sigma \to 1.0\sigma$(持荷 2min、锁定)程序进行。

7.3.6 远程监测

在暗挖车站施工期间,必须对既有线路进行全天候实时监控量测,传统监测技术在高密度的行车区间内无法实施,且不能满足对大量数据采集、分析以及及时准确的反馈,因此采用远程自动化监测系统对既有线路的结构和轨道变形进行每天 24h 监控量测。该系统由在量测部位安装的测量元件、数据传输线、监控室的终端计算机组成。监测项目如下:

1)既有线路结构变形监测

结构变形监测采用静力水准仪。以新建车站下 33m 长的既有线路隧道为重点监测区域,上、下行线路共布设 24 个测点。以 2 个结构缝处为重点监测对象,在结构缝的两侧各布设 1 个测点。针对施工可能影响到变形缝之间的胀缩,采用测缝计进行测量,每道变形缝上布设 2 只测缝计。

2)轨道变形监测

(1)走行轨结构纵向变形监测。

本项监测为监测重点,因静力水准仪的精度在沉降量传递中精度明显高于水平梁式倾斜仪,故轨道变形监测采用在地铁排水沟中布设静力水准系统的方法进行监测。以新建车站下 33m 长的既有线路隧道为重点监测区域,上、下行线路共布设 16 个沉降测点,该系统同时可监测走行轨结构变形缝处的不均匀沉降。

(2)采用变位计监测走行轨水平间距的相对变形,配合沉降测点上、下行轨共布设 6 只。

(3)采用梁式倾斜仪监测走行轨左右水平的相对变形,配合沉降测点上、下行轨共布设 6 只。

具体监测限值及监测频率见表 7-2 和表 7-3。

地表沉降及轨道变形预警值和标准值（单位：mm）　　　　表 7-2

变形类别		上拱	平移	沉降差	道床开裂	隧道结构与道床脱离
预警值	每日	3	1	2	0.5	1
	累计	18	4	6	1	3
标准值	每日	4	2	3	0.5	2
	累计	20	6	10	1	5

监测项目汇总表　　　　表 7-3

序号	监测项目	监测仪器	监测频率
1	既有线路结构沉降监测	静力水准系统	施工关键期：1 次 /20min；一般施工状态：1 次 /2h
2	既有线路结构变形缝沉降监测	静力水准系统	施工关键期：1 次 /20min；一般施工状态：1 次 /2h
3	既有线路结构缝胀缩监测	测缝计	施工关键期：1 次 /20min；一般施工状态：1 次 /2h
4	走行轨结构纵向变形监测	静力水准系统	施工关键期：1 次 /20min；一般施工状态：1 次 /2h
5	走行轨结构左右水平变形监测	梁式倾斜仪	施工关键期：1 次 /20min；一般施工状态：1 次 /2h
6	走行轨水平距离变形监测	变位计	施工关键期：1 次 /20min；一般施工状态：1 次 /2h

7.4 质量安全控制与环境保护

7.4.1 质量控制要点

隧道施工质量应符合《地下铁道工程施工质量验收标准》（GB/T 50299—2018）相关要求。各种卸载和加载活动对运营地铁隧道的影响限度必须符合以下要求：

（1）地铁结构设施绝对沉降量及水平位移量≤20mm。

（2）隧道变形曲线的曲率半径 $R \geqslant 15000$m。

（3）相对弯曲≤1/2500。

施工过程中，应着重从以下几个方面加强控制以确保施工质量。

（1）控制好大管棚施工精度，避免伤及管线或侵入净空，施工误差控制在 ±15cm 之内。

（2）根据施工地层条件经试验室试配确定注浆浆液，确保超前注浆、回填注浆、地面跟踪注浆质量。

（3）各洞室开挖断面应符合设计要求，接近开挖轮廓时必须采用人工修整以控制超挖，同时控制开挖台阶长度，竖向相邻洞室台阶长度宜控制在 3～5m，水平相邻洞室掌子面距离保持在6~10m,两侧洞必须同步开挖,通过中洞临时支撑连成一体,以减小偏压。

(4)钢格栅使用前进行试拼,架立间距和连接质量均须符合设计要求;喷射混凝土厚度、强度必须满足设计和规范要求,平均厚度应大于设计厚度,最小厚度不小于设计厚度的90%。

(5)施工过程中根据监控量测信息反馈及时进行设计和施工参数调整,确保监控量测数据不超过管理基准值,确保最大变形速率不超过5mm/d。

7.4.2 安全控制要点

(1)对既有线路结构进行现状评估和施工风险分析,针对重大风险因素制订施工控制指标和控制标准,实行分级管理。

(2)施工前充分了解地质资料,复查地下管线及构筑物,必要时采取措施予以保护;施工中随时掌握地质变化、地下管线和构筑物位置情况,严格控制施工参数,确保既有设施安全;遇有特殊情况立即停止施工,及时处理。

(3)大管棚施工严格控制导向钻机及夯管锤的施工参数,特别是夯击频率,避免挤土效应过大造成破坏性影响。

(4)各洞室开挖坚持"先护后顶"开挖原则。合理确定注浆参数,保证注浆达到预期目的;开挖中严格控制洞室间的纵向间距和开挖循环进尺,及时封闭初期支护。

(5)结构衬砌施工时,临时支护分段拆除,每次拆除长度为一个衬砌循环长度,严禁超前拆除。

(6)采用高精度远程自动化监测系统对既有线路结构和轨道变形进行24h监控量测,以掌握施工期间既有线路的运营状态,保证既有线路的正常安全运营。

7.4.3 环境保护要点

(1)合理布置施工场地,生产、办公设施布置在征地红线以内,施工场地围挡及临时设施要考虑到同周围环境协调。

(2)做好周边坏境保护,制订可靠的管线、既有建(构)筑物保护措施和地下管线抢修预案,确保城市公共设施安全。

(3)将施工场地及道路进行硬化,适时洒水;针对土、石、砂、水泥等材料的运输和堆放进行遮盖,减少扬尘污染。

(4)采用先进的环保机械施工;对空压机、电动葫芦等机械采取设隔音墙、隔音罩等消音措施,确保离开施工作业区边界30m处噪声小于70dB,撞击噪声最大不超过90dB。同时,尽可能避免夜间有造成环境噪声和振动污染的作业项目施工;重型运输车辆的运行时间避开噪声敏感时段;较高噪声、较高振动的施工作业尽量安排在环境噪声值较高的白天施工。

(5)在工作场地内设置沉淀池,按环保标准要求对施工废水进行沉淀净化处理,加强施工现场的洒水降尘。

7.5 工程实例

下面以北京地铁 5 号线东单站为例,介绍柱洞法应用情况。

地铁 5 号线东单站近距离上穿既有地铁 1 号线工程,具有开挖断面大、地层条件复杂、距离既有隧道结构近、既有线路变形控制严格、施工工期长、施工工序多等特点和难点,为北京地铁 5 号线工程中的特级风险源。

1)工程概况

地铁 5 号线东单站暗挖段位于东单十字路口,横穿长安街,从既有地铁 1 号线王府井站—东单站区间隧道上部穿过,与既有线路东单站呈丁字形布置。

暗挖段采用单层一拱双柱复合衬砌结构形式,长度为 63.8m,开挖宽度为 23.66m,高度 9.835m,覆土厚度 5.5m。

2)工程地质条件

暗挖部分穿越地层为回填土、粉土、黏质粉土、圆砾卵石层、中粗砂层。暗挖段顶板位于粉土层,底板位于卵石圆砾层,结构主体上半部分主要处于粉土层。卵石圆砾层厚 3m,其下为 9m 厚粉土层。

3)与既有线路关系

暗挖段上穿既有 1 号线的王府井站—东单站区间,与既有线路顶部结构外表面相距 0.5m,使其在里程 K210+69.68～K210+93.34(包括区间人防段东端变形缝和既有东单站西端变形缝之间的双线区间隧道以及两条迂回风道)范围受到影响(图 7-3)。

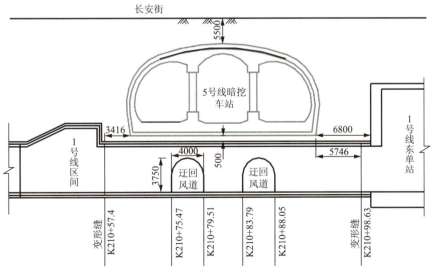

图 7-3 暗挖段与既有线路的位置关系(尺寸单位:mm)

4）设计参数

（1）超前大管棚

在暗挖车站横断面的拱部范围内，沿车站拱顶环向按 3 根/m 布置大管棚超前支护，管棚设计为 $\phi 159 \times 8$ 无缝钢管。

（2）超前小导管

拱顶管棚间布置 $\phi 32.5$ 热轧钢管，厚 3.5mm，长 2.5m，外插角 10°～12°，每榀打设一排，环向间距 30cm，根据地层注浆采用水泥或水泥水玻璃双液浆。

整个初期支护及混凝土衬砌设计参数见表 7-4。

初期支护及混凝土衬砌设计参数　　　　表 7-4

项目		材料及规格	尺寸
初期支护	超前大管棚	$\phi 159$，L=65m	环向 3 根/m（拱部 28m 范围）
	超前小导管	$\phi 32 \times 3.5$mm，L=2.5m	纵向间距 0.5m，环向间距 0.3m
	喷射混凝土	C20	厚度 0.35m
	钢格栅	$\phi 25$、$\phi 22$、$\phi 10$ 钢筋	纵向间距 0.5m
	防水层	400g/m² 土工布 +2mm 厚 ECB	全包
二次衬砌	钢管柱	$\phi 800 \times 12$mm	两排，纵向间距 7m
	钢管柱混凝土	C40	
	结构混凝土	C30、P8	

5）施工效果

北京地铁 5 号线东单站暗挖段从 2004 年 10 月开始开挖施工，2005 年 8 月结构施工完成。整个施工过程确保了既有线路的正常运营和结构安全。隧道的最大隆起变形最终被控制在 8mm 以内，完全满足设计要求，曲率半径、相对弯曲等技术指标也满足要求。因此，本关键技术对类似地铁线路交叉、穿越既有地铁工程的建设都具有参考和指导意义。另外，本工法较侧洞法和中洞法来说，造价相对低，且结构安全，保障系数更高。

第 8 章

隧道施工辅助关键技术

Key Construction Technology of Underground
Excavation for Subway Crossing Existing Lines

Key Construction Technology of Underground
Excavation for Subway Crossing Existing Lines

在新建线路(车站)上跨或下穿既有线路(车站)施工中,主要涉及既有地铁混凝土结构静力切割、超前管棚、超前小导管注浆、回填注浆、跟踪注浆、帷幕注浆等关键辅助技术,下面主要介绍混凝土结构静力切割技术和超前管棚关键技术。

8.1 混凝土结构静力切割技术

混凝土静力切割是指采取不产生冲击、振动荷载的施工方法对混凝土进行切割拆除,靠金刚石工具(绳、锯片、钻头)在高速运动的作用下,按指定位置对钢筋和混凝土进行磨削切割,从而将钢筋混凝土一分为二,以实现安全环保及对拆除范围以外结构混凝土的有效保护(不因产生冲击、振动荷载而造成结构体微裂缝)。该技术在切割过程中的振动和噪声很小,被切割体能在平稳的情况下被静态分离,特别适合地铁车站等对施工所产生的振动和噪声有严格要求的建筑物切割拆除。在新建地铁线路(车站)穿越既有地铁线路(车站)的工程中,需要在既有车站(主体、换乘通道或出入口)开洞以实现不同结构空间的结合,以及所有混凝土结构的无损伤拆除工程,因此特别适合采用静力切割技术。

8.1.1 工艺特点与原理

1)工艺特点

以拆除既有混凝土结构用以实现不同功能的空间结合(如换乘)为目的,以控制既有结构变形在允许范围内为前提,在操作空间和时间有所限制的情况下,针对不同拆除对象的特点,将金刚石绳锯、金刚石圆盘锯及金刚石钻孔机等不同切割工艺进行优化整合,同时辅以严密可靠的监测技术手段,有效实现混凝土静力切割施工的安全、快速、高效。

2)工艺原理

针对不同部位采用不同的混凝土切割工艺,以实现不同切割工艺的有机结合和高效互补。

(1)对板体厚、强度高、配筋率高且具有切割临空面的部位以液压金刚石绳锯切割为主,其工艺原理是金刚石绳索在液压马达带动下绕切割面高速运动研磨切割体,完成切割工作。

(2)对厚度不超过25cm的强度不高、配筋率较低的水平或接近水平的薄板状混凝土结构,可采用金刚石圆盘锯切割,其工艺原理是用金刚石锯片在高速运转下切割混凝土,最终形成一个较完整的静力分割面。

（3）对不具备临空面或对分离界面齐整性要求不高或作业空间不允许的部位，采用金刚石钻孔机钻孔切割，其工艺原理是采用金刚石钻孔机在钢筋混凝土结构上连续钻孔，将需要切除的混凝土构件与原结构分离。

在时间、空间严格受限的情况下，以不影响结构安全和运营安全为前提，可综合以上工艺充分利用时间和空间对混凝土结构进行预切割。

8.1.2 施工工艺流程

混凝土结构静力切割施工工艺流程如图8-1所示。

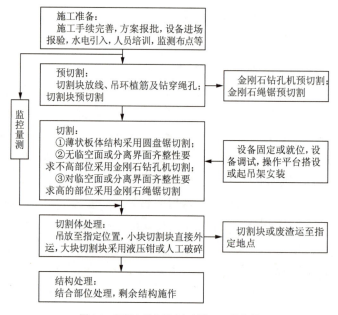

图8-1 混凝土结构静力切割施工工艺流程

8.1.3 操作要点

1）准备工作

（1）施工准备

①施工技术准备。选配具有专业切割知识和经验的技术人员指导施工，加大技术指导和安全监督力度。配备熟练掌握金刚石绳锯、金刚石盘锯及金刚石薄壁钻静力切割的专业技术工人。按施工方案和技术规程对操作者进行技术安全交底并下达作业指导书。

②劳动力准备。为保证本工程的工期要求，在合理安排工序和劳动力的前提下，选择技术素质高、纪律严明且具有类似工程施工经验的施工班组，以保证施工质量，加快施工进度。

③主要设备准备。设备需提前进场并经监理验收，各种设备留足备用。

（2）监测布点

施工前,应根据设计要求进行远程监测测点布设并取得初始值。按设计要求对整个施工过程进行远程24h不间断监测,并对监测信息实行统一管理。具体监测内容见第9章。

（3）临时设施

将临时用水、用电引至工作面附近。同时敷设排水管路,将施工积水由集水坑抽排至指定位置。

（4）人孔切割

为提前进行放线、吊环植筋及预切割等工作,对于人员难以进入的封闭作业空间,可采用金刚石钻孔机通过连续钻孔切割施作人孔解决。

（5）切割块放线

测量人员将测量桩点引入到切割面,根据现场需拆除的混凝土结构情况,拆除的平面布置按设计分块进行放线定位。

（6）打穿绳孔、吊环植筋

采用电锤（$\phi50$钻头）沿切割块四角钻出穿绳孔。在吊装前采用化学锚栓将吊环固定在每一分块上,吊环根据切割块重量采用$\phi16$、$\phi20$钢筋制作,锚固长度$24d$（d为钢筋直径）,预埋件埋设位置在切块中心。

（7）预切割

在不影响结构和运营安全的前提下,可利用有限空间对切割部位进行预切割。对切割宽度或高度较大的钢筋混凝土结构,考虑结构安全,可采取预留横梁（即预留部分结构不割除以起到抑制结构变形作用）或增设临时支撑的方式缓冲或补偿切割体的应力释放。对切割面齐整性要求不高且时间不紧张的切割面,可采用金刚石钻孔机连续钻孔切割（造价较低）；对切割面齐整性要求较高（比如需要装修或施作防水）、有临空面且时间紧张的切割面,采用金刚石绳锯切割。预切割按设计分块并结合结构受力特点及配筋形式来选择切缝,一般宜先切割顺主筋方向的缝,有预留横梁或立柱部位不得切通。

2）正式切割施工

（1）围挡

对作业场地进行围挡,围挡形式及范围需与运营单位协商一致。利用围挡场地,拆除站台板,对剩余切割块进行切割,分次施作结构环梁及剩余结构,最后恢复站台板及装修。

（2）站台板切割拆除

为满足底板切割空间要求,底板切割投影范围的站台板需拆除,待换乘通道开口完成后将开口范围以外站台板恢复。

站台板一般为预制板,在切割站台板前,需先在站台板下底板上搭设脚手架,防止未切割的站台板失稳掉落,然后随着切割进度将已切割范围的脚手架拆除。切割分块尺寸为每块$1.0m \times 1.0m$左右,根据测量放线位置在既有车站站台板上用墨线弹出黑线,标明分块切割线。在站台板上安设手拉葫芦,圆盘锯切割配合液压钳拆除,及时将拆除后的混凝土块用液压钳破碎,施工时用手拉葫芦将液压钳钳头吊挂在拆除部位上方,或采用人工抬至相应部位,然后通电利用钳头的压力将混凝土破碎。

(3)简易门吊架设及切割块吊装固定

针对现场空间采用以工字钢为支撑点,配 5t 手拉葫芦。门吊立柱、横梁采用 I20a 钢筋加工制作。将吊架安放在被切的混凝土块上方,切割前将手拉葫芦上的钢丝绳通过吊环固定在混凝土块上。

(4)切割块切割、吊放

按照预先的分区分块情况,切割块体横缝,预留横梁。当金刚石绳锯完全分离每个分块后,采用电动葫芦进行下放,向下卸载,直至下放至承重底板上。横梁的作用是既有底板切割后而结构圈梁未形成之前对底板起到抑制变形作用,以确保既有底板结构安全稳定。底板切割必须分区分块按顺序进行。每个切割块设 2 个吊环。切割块最大质量不超过 2.5t,需下放后采用液压钳破碎后外运。

(5)圈梁施工、拆除预留横梁及结构封闭

施作预留横梁范围之外结构纵、横向环梁,为拆除预留横梁创造条件。当结构环梁达到设计强度后,将预留横梁拆除,每道横梁分块切割下放。之后施工横梁范围的环梁,环梁封闭成环。

3)静力切割施工方法

(1)金刚石薄壁钻(水钻)切割

水钻切割是静力切割拆除技术的一种方法,采用薄壁金刚石钻机,快速在混凝土、砖、石材上成孔或在建筑物钢筋混凝土结构体钻切开洞、开窗口、切超大尺寸板、分割(拆除)墙体。安装不同直径的钻头,可以实现钻 $\phi32\sim\phi500$ 的单孔钻孔,钻孔深度可以达到 20 多延米。也可以对钢筋混凝土进行排孔切割,排孔切割时常用的钻头规格为 $\phi108$。适合切割基础底板、混凝土楼板、混凝土梁、剪力墙、砖墙等构件。

水钻切割的特点是施工时不影响周围结构的安全,无振动,噪声小,施工简便,工期短,无粉尘污染,表面光洁,施工条件要求不高,事后无需修补等。

水钻施工工艺流程为:熟悉图纸→搭设脚手架→放线定位→接通水电源→固定设备→卸荷→切割→清理现场。

采用金刚石水钻钻排孔切割混凝土时,一般同时使用多台钻机来提高作业效率。

(2)金刚石绳锯机切割方法

①施工特点

可以进行任何方向的切割,切割不受被切割体大小、形状、切割深度的限制,广泛使用于大型钢筋混凝土构件的切割。

②工作原理及性能

绳锯静力切割是金刚石绳索在液压马达驱动下绕被切割物高速行进研磨从而完成切割工作。由于使用金刚石颗粒做研磨材料,故此可以进行钢筋混凝土等坚硬物体的切割分离。

③技术参数

金刚石绳锯在切割过程中绳索以 25m/s 高速行进切割。金刚石绳索质量标准满足切割过程中最大张拉强度。绳索的切割方向是由导向轮组安装方位来完成的,导向轮组与主驱动轮组的安装位置应巧妙设计,从而满足高效的切割要求。

④操作要点

a. 施工前,采用 2M16 内胀栓固定绳锯主脚架及辅助脚架,导向轮安装一定要稳定,且轮的边缘一定要和穿绳孔的中心线对准,以确保切割面的有效切割速度,严格执行安装精度要求。根据已确定的切割形式将金刚石绳索按一定的顺序缠绕在主动轮及辅助轮上,注意绳子的方向应和主动轮驱动方向一致。如图 8-2 所示,绳锯长度一般选择被切割体长度的 2~3 倍。

图 8-2　绳锯切割方法

b. 启动电动马达,通过控制盘调整主动轮提升张力,保证金刚石绳适当绷紧。绳锯张紧程度由一个特殊的电子限位器装置控制,此装置具有可预先选择应力参数以保证绳锯有一个恒定的张紧程度的功能,以及机器发生故障和断绳时,可以自动停机和停止飞轮转动的功能。

c. 绳锯沿同一线行方向运行,在进线辅助轮上方设置一个冷却水龙头,在出线口辅助轮下方安装一个接水槽,接水槽端头设置过滤网以过滤研磨的碎屑,冷却水进行回收循环利用。供应循环冷却水,再启动另一个电动马达,驱动主动轮带动金刚石绳索回转切割。切割过程中必须密切观察机座的稳定性,随时调整导向轮的偏移,以确保切割绳在同一个平面内。

d. 根据现场施工条件选择正切或反切施工工艺,正切与反切的主要区别在于切割方向不同。正切是辅助轮及卡具固定在切割机这侧,绳锯成"凸"形,切割应力方向对着切割机,这样就把切割体从背向切割机的一面向切割机方向切割;反切恰好相反,辅助轮及卡具固定在被切割体的另一面,绳锯成"凹"形,切割应力相应的是远离切割机的方向,把切割体从切割机正对的一面向背向面切割机方向切割。采用哪种方法要视切割作业条件而定,现场施工主要以反切工艺为主。切割工艺如图 8-3 和图 8-4 所示。

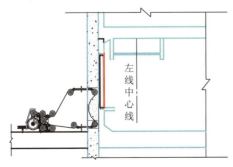 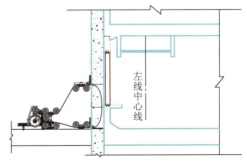

图 8-3　金刚石绳锯墙体反切示意　　　　　图 8-4　金刚石绳锯墙体正切示意

143

e. 充分考虑现场施工安全、切割后吊装能力、现场绳锯尺寸等因素,合理将切割体分成多块切割,并用墨线清晰标出切缝边线,以达到精细化切割,使被切割体规则成型。

⑤相关操作系统的连接及安全防护技术措施

根据现场情况,水、电、机械设备等相关管路的连接应正确规范、相对集中,走线摆放严格执行安全操作规程,以防机多、人多、辅助设备、材料乱摆、乱放,造成事故隐患。绳索切割过程中,绳子运动的方向的前面一定用安全防护拦防护,并在一定区域内设安全标志,以提示行人不要进入施工作业区域。

⑥切割过程中应注意的问题

如发生卡绳、断绳等现象要有相应措施解决。安全防护措施一定要严格、严密,否则断掉的金刚石绳索上的金刚石串珠会像子弹一样飞出伤人。故现场除搞好必要的防护措施外,一律谢绝无关来往人员观摩。

(3)金刚石圆盘锯(液压墙锯)切割

该技术是利用高强韧性、高速转动的新型建筑机具金刚石圆盘锯,按人们的要求快速在混凝土、砖、石材、钢筋混凝土结构体上进行的静态分割与拆除技术。金刚石圆盘锯切割具有轻便、高效、无粉尘、噪声低的特点,尤其适用于大面积物体,节省大量劳动力、保证安全施工等。施工中采用液压墙锯切割机,切割后混凝土为平整光滑面,便于后期粘钢加固,由于切割后混凝土为平整面可极大地缩小钢板与混凝土的间距,为加固质量提供保证。

操作要点为:采用液压装置和锯削头配套设备,按分块依次切割,锯片直径 600~800mm,切割效率 $1.5m^2/h$ 左右。圆盘锯切割方向是靠安装固定导轨来控制的,采用 M16 化学锚栓固定导轨基座,保持锯片切割运转平面和切割平面在同一平面内。液压马达驱动金刚石圆盘高速运转,磨削混凝土被切割块,切割过程中用水冷却,并冲走粉屑。切割过程中需保证金刚石圆周线速度达到 20m/s 才能进行有效切割,可通过控制操作盘进行调控,切割深度 20cm。

(4)拆除清运

现场承载清运能力的大小,决定了拆除时混凝土构造的大小及质量,切割分块的大小根据现场承载清运能力及安全系数确定,不宜过大或过长,每次清运吊装不得超过现场安全承载清运能力。为此该施工常采用金刚石绳锯、圆盘锯切割配合液压钳拆除,及时将拆除后混凝土块用液压钳破碎,施工时用手拉葫芦将液压钳钳头吊挂在拆除部位上方,或采用人工抬至相应部位,然后通电利用钳头的压力将混凝土破碎。

4)监测技术及分析

(1)远程监测

开洞施工期间,为及时掌握既有车站结构变形的大小,保证既有车站结构的安全和正常运营,必须对既有环线地铁进行全天候的实时监控量测,传统监测技术在高密度的行车区间内无法实施,因此必须采用远程自动化监测系统对既有线路的结构和轨道变形进行 24h 实时监控量测。

①既有线路控制标准

既有线路安全运营限制标准非常严格,轨距增宽≤6mm,减窄≤2mm,单线两轨高差≤4mm;结构变形应根据既有结构评估报告确定标准,并应分别按照最大值的70%和80%作为预警值和报警值。

②远程监测项目

远程监测项目见表8-1。

既有地铁车站结构监控量测项目 表8-1

序号	监测项目	监测仪器	监测频率	监测目的
1	既有车站结构隆陷变形	静力水准系统	1次/h	掌握施工期间既有车站结构隆陷变形情况
2	既有车站变形缝差异沉降	静力水准系统	1次/h	掌握施工期间既有车站结构缝差异沉降变形情况
3	既有车站变形缝开合度	测缝计	1次/h	掌握施工期间既有车站结构缝水平变形情况
4	走行轨纵向变形	静力水准系统	1次/h	掌握施工期间既有车站轨道结构纵向变形情况
5	走行轨两轨高差变化	梁式倾斜仪	1次/h	掌握施工期间既有车站轨道结构两轨高差变形情况
6	走行轨轨距变形	变位计	1次/h	掌握施工期间既有车站轨道结构水平距变形情况
7	道床与结构剥离	数据分析	1次/h	掌握施工期间既有线路道床与结构间相互关系

注:可根据施工情况和沉降情况调整监测频率,随时将监测信息通报监测领导小组。

③远程监测点布设

远程监测点布设于以下部位:

a. 车站侧壁沉降(静力水准仪)。

b. 轨道底板的沉降变形(静力水准仪)。

c. 变形缝开合度(测缝计)。

d. 轨距变化(变位计)。

e. 两轨高差(梁式倾斜仪)。

④监测信息反馈

监测信息反馈程序如图8-5所示。信息反馈要求为:信息资料真实,报送及时,分送建设单位、运营单位、总监办、驻地监理、项目总工、工区。

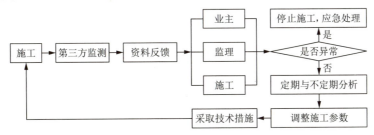

图8-5 监测信息反馈程序

⑤监测管理体系

成立远程监测管理组织机构,如图8-6所示。

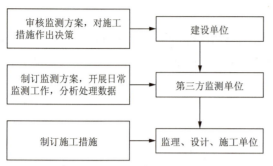

图 8-6 监测管理组织机构

(2)常规监测

远程监测能 24h 不间断进行,但由于结构变形与施工的不同步且具有滞后性,为弥补远程监测的不足,需对开口位置及对近邻结构开口的结构柱进行监测,能第一时间掌握结构变形情况。

①开口处收敛监测

紧跟着切割顺序,及时在切割面设置收敛监测点,为便于监测,收敛点用反光片,用全站仪或经纬仪进行位移收敛观测。

②结构柱监测

开口施工范围若近邻既有车站结构柱,需对结构柱倾斜度进行观测,以便直接反映出结构变形情况。在结构柱上下各设置观测点(反光片),用全站仪或经纬仪进行垂直度观测。

8.1.4　质量控制与安全环保

(1)质量标准

放线误差为 ±10mm;切割面平整度(绳锯)为 5mm。

(2)质量控制要点

①充分了解切割体厚度及配筋情况,切割面尽量避开配筋密集区,以提高切割效率和满足切割面质量标准。

②绳锯切割过程中通过操作控制盘调整切割参数,确保金刚石绳运转线速度在 20m/s 左右,另一方面切割过程中应保证足够的冲洗液量,以保证对金刚石绳的冷却,并把磨削下来的粉屑带走。切割操作要做到速度稳定、参数稳定、设备稳定。

8.1.5　应用实例

中铁隧道局集团有限公司在北京地铁 4 号线宣武门站施工中,采用了静力切割技术,实现了快速、安全施工。

1)工程概况

北京地铁 4 号线宣武门站与地铁 2 号线宣武门站采用"十"字形换乘,2 号线在上,4 号线在下;共设置四条换乘通道,其中 1、2 号换乘通道设置一个换乘口,3、4 号换乘通道设置一个换乘口。

换乘通道均采用暗挖施工,由 4 号线宣武门站站厅层出发,向暗挖通道方向施工,施工至环线宣武门站站台层底板下部,再由既有车站底板开洞连接。换乘通道具体形式如图 8-7 所示。

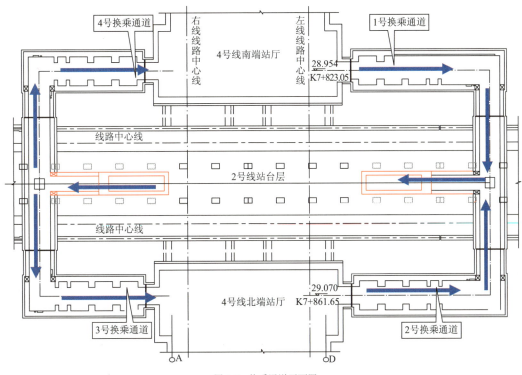

图 8-7 换乘通道平面图

地铁 4 号线宣武门站基础底板切割工程,其作用是把宣武门站 1 号线与 4 号线上下连通,形成一个地铁换乘站。具体施工内容是将距新建结构换乘通道顶板 1250mm 的板(设计板厚 900mm,并包含底梁斜托)通过静力切割分块的方法将上下打通。

换乘通道与既有车站连接位置如图 8-8 所示。

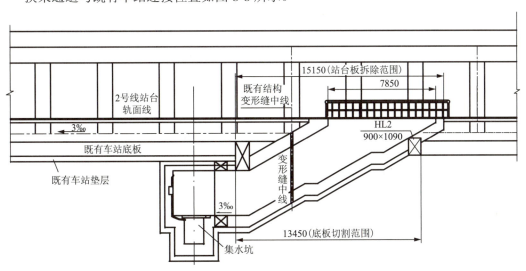

图 8-8 换乘通道与既有车站连接位置(尺寸单位:mm)

暗挖段结构施工完毕,可进行既有车站底板切割施工。换乘通道爬高段与既有车站在站台层相连接,需对既有车站站台板和底板进行破除,站台板拆除范围为 15.15m×3.9m (长×宽),永久开口尺寸为 9.85m×3.9m(长×宽),站台板厚 0.2m,为钢筋混凝土槽型板。既有结构底板开口尺寸为 13.45m×3.9m(长×宽),底板厚 0.9m,为 C30 钢筋混凝土。底板下垫层厚 26cm,为 C20 混凝土。混凝土破除工作需保证安全环保,不得影响既有车站的安全正常运营,并对破除范围以外的混凝土原结构进行保护(不因产生冲击、振动荷载而造成结构体微裂缝)。

2)应用简述

由于工程性质特殊,如何快速高效施工,以确保封站按期解除及充分利用空间减少工程量是必须解决的问题。在开展科技创新研究中,充分吸取了北京地铁 5 号线崇文门站换乘通道开口的经验,超前谋划,精密组织,采取结构底板降低,大块切割体下放后填充,同时封站前提前预切割,封站期切割作业与结构施工密切配合,具体做法如下。

(1)优化结构施工方案

将切割范围换乘通道底板降低(图 8-9),切割体切割后直接吊放至结构底板上,对切割体之间缝隙填充细石混凝土或水泥砂浆,多余的切割块人工破碎后运出洞外,有效地解决了受运输空间限制运输困难的问题。

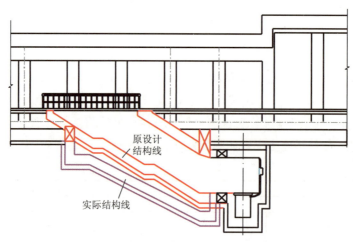

图 8-9 换乘通道底板优化示意

(2)优化切割分块

原设计为 200mm×200mm 的切割块,以方便运输,降低结构底板后,基本解决了运输难的问题;为加快施工进度,将切割块调整为 1000mm×500mm 的大块,大大减少了切割工作量。

(3)优化施工顺序

封站前,利用站台板的空间(对运营无影响),通过换乘通道已完结构施作人孔提前进入站台板下,对既有底板提前放线、安设吊环、钻穿绳孔,在不影响既有结构安全的前提下,对切割范围提前预切割,实现了时间、空间的充分利用。

(4)优化设备组合

静力切割方法很多,充分利用各自工艺的优缺点,进行设备组合。对配筋率高、厚度较大且有临空面的混凝土板体（既有车站底板）采用金刚石绳锯切割，对厚度较薄、配筋率不高的混凝土板体（站台板）采用金刚石圆盘锯切割。对切割面无特殊要求的较厚板体采用金刚石薄壁钻机钻孔切割（既有底板人孔）。

3）取得的实际效果

（1）实现了快速高效施工

地铁 2 号线宣武门站于 2009 年 5 月 9 日 0:00 封站，站台板及底板静力切割工程于 2009 年 5 月 14 日 24:00 前完成，仅用 6d 时间，较原计划提前 1d 完成，为后步工序施工创造了好的条件。

（2）切割面平整竖直，满足结构防水施工要求

为保证底梁与结构接口部位的防水效果，在破除底板完成后施作防水层，防水层要求基面平整直顺。底板切割后，切割面满足防水要求。

（3）降低了成本费用

切割体由小块优化为大块切割，既大大减少了切割工程量，又大大降低了成本费用。另外，金刚石绳锯同金刚石薄壁钻机相比，由于绳锯磨损大，耗材费用高，每平米成本较钻孔机高出近一倍。鉴于此，预切割期间，对切割面无平整度要求的切缝部分采用金刚石薄壁钻机钻孔切割，由此降低了切割成本。

（4）实现了安全施工

施工前对施工人员加强了教育培训，施工中加强了安全防护和过程监控，实现了结构安全和施工安全，既有结构变形均控制在了设计允许范围内。

8.2 超前管棚关键技术

不同的地质条件和环境特征，隧道超前管棚支护方式有时也不同，本节介绍具有代表性的 $\phi 299$ 超前双层管棚近距离下穿运营地铁车站夯进关键技术。

8.2.1 技术概述

1）研究背景

我国现阶段适合夯管锤铺管的工程很多，用夯管锤完成的铺管工程也越来越多，但用于新建地铁车站下穿地铁运营车站近距离夯进超前支护管棚的案例很少，它要求夯进施工中必须采取一系列控制沉降措施，既要保证管棚精度，又要保证沉降不超标，同时还要在地铁停运的有限时间和站内的有限空间内实现快速高效施工。

由中铁隧道局集团有限公司施工的北京地铁 4 号线宣武门站工程,主体单层段下穿既有地铁环线宣武门站,单层上半断面为 $\phi299$ 大管棚超前支护,需采用夯管施工法施工。

针对夯管施工法在此工程涉及的技术和环境条件难点与特殊性,开展了大跨浅埋暗挖地铁车站超近距下穿运营地铁车站施工技术研究,通过调研、现场试验和实践,管棚正式施工仅用了 50d 就安全顺利完成,获得了大管棚夯进与快速施工、沉降控制、管棚内外注浆、变形监测等工艺技术,完成的科技创新成果于 2008 年通过中国铁路工程总公司鉴定,获得了 2008 年中国铁路总公司科技进步一等奖、中铁隧道局集团科技进步特等奖。

2)技术特点

以超前预支护为目的,以控制沉降变形在允许范围内为前提,在操作空间和时间有所限制的情况下,通过完善夯管工艺、精细组织管理,融入注浆、监测等技术手段,能实现既有结构和新建结构的沉降符合设计标准,管棚施工快速,夯进效率和夯通率高,有效起到对新建结构超前护顶及对既有结构的简支梁承托作用。

3)适用范围

新建结构近距离穿越既有运营车站(区间)、建(构)筑物、铁路、公路、河渠等特殊地段时,采用管棚预支护,有夯管作业空间(满足夯管锤操作及首节管夯进空间),管棚直径为 50~600mm,管棚长度为 10~80m,不含大卵砾石(直径一般不超过被夯管管径的 1/3)的各种地层(包括含水地层)中的夯管施工。

8.2.2 工艺原理

将钢管头切削环坡口加工成外坡口,被夯管管口加工成内坡口,管头切削地层时以实现均衡切土,如图 8-10 所示。管外壁涂抹黄油润滑,按先下后上、跳孔夯进的顺序,用夯管锤将钢管沿设计路线直接夯入地层,用高压风排出进入管内渣土。夯进中,先进行管外袖阀式注浆及时填充管棚外壁切削环切土后形成的空隙,尽量减少钢管接长焊接次数且焊接后不待焊缝冷却直接夯进,最后进行管内注浆,并通过管壁预设注浆孔进行管外二次注浆。此外,尽量多开工作面,加工纵向移锤小车及横向天车,通过钢管测斜仪、压力传感器、环境振动分析仪和噪声监测仪进行夯进作业监测,通过对既有设施和开挖洞室的布点监测进行整个工程施工动态监控管理。

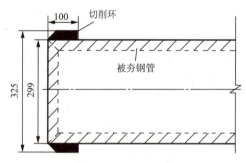

图 8-10 管头坡口示意(尺寸单位:mm)

8.2.3 施工工艺流程及操作要点

施工工艺流程如图 8-11 所示。

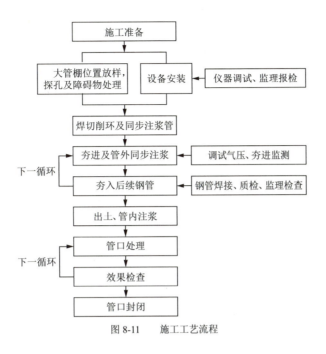

图 8-11　施工工艺流程

1）施工准备

熟悉施工图纸,进行技术交底、既有线路轨道加固、第三方远程监测布点、施工放线、设备和材料进场。

夯管锤配套设备准备工作包括：空压机排量不小于 $18m^3/min$、压力不小于 $0.8MPa$,贮气罐容积不小于 $1m^3$,高压胶管配耐压值不小于 $1.0MPa$、长 $20m$ 的 $2''$ 胶管 2 根（也可用无缝钢管代替）、$1.5''$ 胶管 3 根,并根据穿越段的管径配置击帽。

2）堵头墙破除

画出管棚施作位置,根据夯管进度及顺序,分次用风镐破除管棚范围的堵头墙,割除影响夯管的工字钢及连接筋等。每夯进 2～3 根钢管后,将钢管与堵头墙用工钢及连接筋焊接牢固,并将管与堵头墙间的空隙用喷射混凝土充填密实。

3）搭设作业平台

根据现场条件及进度安排,施作夯管作业平台或作业排架,仰角设成可调,以方便调整。

4）地质调查及障碍物处理

（1）探孔

在作业面两端画出管棚孔位,用洛阳铲挖探孔或水平地质钻机进行地质及障碍物探查,充分了解该范围地质情况及障碍物情况,探孔应及时回填密实,并用混凝土封堵牢固。发现障碍物时要提前制订处理方案。

（2）清除障碍物

遇到夯管锤本身不能破除的障碍物时,则采用人工清除障碍物,即用洛阳铲掏孔,下 PVC 管,作业人员进入护管内清除障碍物。障碍物清除结束后管内及时进行回填,待管棚施工结束后对管外进行注浆加固,防止出现沉降。

5) 铺设导轨、管路连接及夯管锤就位

(1) 按照夯进顺序准确安装夯管锤基座与钢导轨，将孔位对正，安装牢固。根据每根管棚的中心线和高程铺设夯管锤轨道。轨道采用I22a工字钢，并将其与其下台架焊接固定，按设计要求的精度调正。为防止夯进时钢管出现较大振动，应在钢管与导轨之间每间隔2～3m的距离放上弧形铁板，并在铁板上垫上胶皮。

(2) 根据管径大小选用配套的击帽安装到套管上。

(3) 将夯管锤与空压机之间的管路连接好，启动空压机，打开操作阀，将夯管锤头部与击帽和钢管固定紧后，关闭操作阀，检验夯管锤的方位与水平角度，若偏差超过0.5″需重新调整就位。

(4) 打开操作阀，进行试夯，无异常后方能进行正常夯管施工。

6) 试夯

(1) 结合合理的管节长度，按经验选用夯击力和夯击频率进行试夯，从而确定在既能保证夯进速度，又能保证钢管不挠曲变形的夯击力和夯击频率。

(2) 预先设置一定的上仰角，结合工程的实际地层特性及夯管直径，通过试验调整仰角值，以确保夯出端管棚的精度。

(3) 为减少相邻管棚在夯进过程中的相互干扰和对后续管棚夯进精度的影响，通过试验确定夯进顺序。

7) 夯管施工

夯管施工示意如图8-12所示。

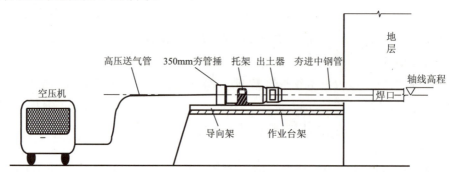

图8-12 夯管施工示意图

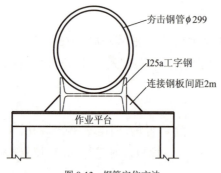

图8-13 钢管定位方法

(1) 夯管定位（图8-13）

(2) 管壁润滑

为减小管壁内外摩擦力，每节钢管就位后，在夯进前均匀涂抹润滑油脂（采用黄油）充分润滑内、外管壁。

(3) 首节管夯进

将首节管和夯管锤安放在轨道上，用张紧器将夯管锤与钢管连为整体。安装完成后开始送风，夯

管锤即开始工作。首节管操作上应缓慢开启注油器、控制空气量,采用"轻锤慢进",防止钢管和夯管锤一起往复串动。钢管夯进土层30~50cm后,停锤校核钢管位置:当角度偏差不超过0.5″、轴线偏差不超过夯进长度的1%时可继续夯进;若轴线偏差超过允许范围,应进行纠偏,将轴线偏差调整到允许范围后继续夯进,直到管头到达指定位置(管头留在夯进面外0.6m左右以便和第二节管进行焊接)。

(4)钢管焊接

前节管夯到预定位置后,退出夯管锤,卸掉击帽,按设计和施工规范要求将后节管与前节管进行组对焊接、补口补伤、加装切削环刀。管节间采用坡口满焊连接[坡口坡度55°±5°,留出(2±1)mm不剖,钢管间距(2±1)mm,最后焊接强度达到与管材等强度],焊缝要求饱满、焊高达到规范要求;同一剖面焊口数量不超过总数量的50%。焊口焊接详见图8-14。焊接时,为保证钢管不致因焊接出现的温差而变形,先沿四周对称点焊用于临时固定钢管,然后沿圆周同向旋转对称施焊。施焊应间歇进行,以免局部过热影响轴线精度。

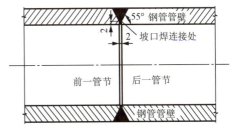

图8-14 焊口焊接剖面详图(尺寸单位:mm)

(5)夯进其他管节

管节焊接完成后,夯管锤送风工作,打开注油器阀进入正常参数夯管。夯管作业开始以后,要连续进行,尽量减少作业间歇时间,且不宜中途停止。

(6)清土

在钢管夯进的过程中,如发现钢管前进的速度非常缓慢或停滞不前,应立即退出夯管锤,卸掉击帽,将钢管内的积土清除干净后再安装击帽和夯管锤继续夯进。否则,待整根钢管全部夯进到位后进行清土。清土时,可用高压风枪将钢管内的积土冲出。对于DN700以上的大口径套管,也可用人工进入钢管内进行掏土的方法将积土清除。整根管未夯进完成中途出土时,管内预留至少1m深度的土不出,以保持管口土压平衡。

8)纠偏

在钢管夯进过程中,当钢管偏离中心线时,应及时采取措施纠正钢管夯进中线。

(1)将管头外管头偏向一侧的土体打松,使该侧所受土体阻力小于另一侧,从而使管头向回偏转。偏差较大时,用人工在轴线偏差的相反方向将钢管周围的土清除,在轴线偏差的方向钢管外壁打上楔子后进行夯进,直到纠至正确。

(2)在管尾连接夯管锤的地方人为做出一个不大于10°的弯头,以改变钢管两肋的受力情况,从而使钢管回到中心线上。

(3)纠偏中每夯进2m检查一次效果,防止纠偏过度的情况发生。

9)管棚注浆

为增加管棚自身的刚度及钢管之间的整体性,防止地层沉降,更好地起到承载作用,进行管外及管内注浆,以填充管棚及加固周边土体。

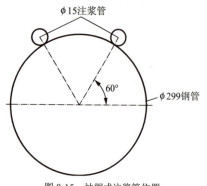

图 8-15 袖阀式注浆管位置

（1）管外注浆

在管棚钢管的外壁加焊 ϕ15 镀锌钢管作管外注浆管，其位置如图 8-15 所示。管外注浆管每隔 50cm 设一对注浆孔，上下错开。注浆时机视沉降情况而定，每夯进一节或夯进整根钢管后及时进行。注浆采用 SYB-60/5 型双液注浆泵，浆液配比为水泥∶粉煤灰∶水 = 1∶0.6∶1，注浆压力控制在 0.3MPa。

（2）管内注浆

在管壁预设 ϕ8 注浆孔，间距 25cm，梅花形布设，然后用 ϕ18 钻头对原 ϕ8 钻孔进行扩孔，扩孔深度为孔壁的一半。钻孔结束后用橡胶锚垫将扩孔孔位进行封堵，形成逆止阀结构，防止孔眼堵塞。注浆时钢管尾部设止浆封堵钢板和气压式止浆塞，采用 SYB-60/5 型双液注浆泵向注浆孔内注无收缩水泥浆。水灰比为 0.4～0.5，掺加 12% 的 XPM（防收缩增强外加剂）。管棚注浆采用注浆压力和注浆量双控标准，注浆压力控制在 0.5MPa，最低注浆量为 1.3 倍的钢管容积。

10）快速夯进施工

夯管锤若采用人工移锤，速度较慢，移锤时间在 1h 以上。焊接占用时间较长，主要是焊接后待温度冷却 0.5h 左右再行夯进，可采取以下组织技术措施以加快施工进度。

（1）两个工作面平行施工

进口端夯进的同时，出口端设工作面向进口端夯进，同时对个别无法夯通的钢管进行对打。

（2）制作横向移动天车和纵向轨道滑车

为减少夯锤移动时间，加工简易横向移锤天车，并制作纵向轨道滑车，移锤时间在 10min 左右，大大减少了移动时间。

①横向移锤天车。为加快移锤时间，提高夯管效率，夯管每个工作面各加工 1 套横向移锤台架，上设用 I25a 型钢加工组装的 5t 可移动天车（图 8-16）。

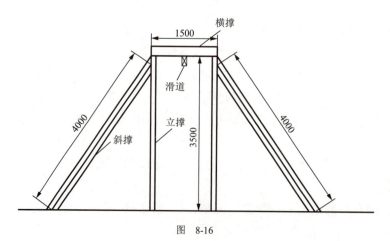

图 8-16

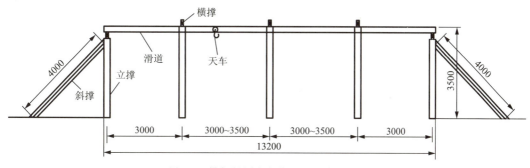

图 8-16　横向移锤台架组装图（尺寸单位：mm）

②纵向移锤小车。采用边长 125mm 的等边角钢制作若干个宽 50cm、长 1.5m 的纵向移锤移管小轨道车（图 8-17）。

（3）减少焊接次数，缩短冷却时间

由于焊接工作占用太长时间，采用长节夯进，每根管节长度 6～9m（管节长度不够可提前焊接好），减少夯进期间的焊接次数，提高夯管锤的使用效率。焊接后不待焊缝完全冷却就直接夯进。

图 8-17　纵向移锤小车

（4）增加管壁润滑

由原管壁外侧涂刷膨润土水泥浆改为涂抹黄油，可以克服膨润土失水后润滑效果不佳的弊端。

（5）及时管内出土

由于夯进长度较长，且夯进时间受到限制（列车停运期间施工），管内出土不及时会增大管内摩擦力，影响夯进效率，故在每夯进管长 50% 以上时及时出土。

11）夯管施工监测

（1）远程监控量测

为保证既有车站结构的安全和正常运营，在夯管施工期间须对既有车站结构及线路进行全天候的实时监控量测。因传统监测技术在高密度的行车区间内无法实施，且不能满足对大量数据采集、分析与及时准确的反馈，故要求采用远程自动化监测系统。既有车站远程监测项目见表 8-2。

既有车站远程监测项目　　表 8-2

序　号	监测项目	监测仪器	监测频率	监测目的
1	既有车站结构隆陷变形	静力水准系统	施工关键期：1 次 / 20min；一般施工状态：1 次 /2h	掌握施工期间既有车站结构隆陷变形情况
2	既有车站变形缝差异沉降	静力水准系统	施工关键期：1 次 / 20min；一般施工状态：1 次 /2h	掌握施工期间既有车站结构缝差异沉降变形情况
3	既有车站变形缝开合度	测缝计	施工关键期：1 次 / 20min；一般施工状态：1 次 /2h	掌握施工期间既有车站结构缝水平变形情况

续上表

序 号	监测项目	监测仪器	监测频率	监测目的
4	走行轨纵向变形	静力水准系统	施工关键期:1次/20min;一般施工状态:1次/2h	掌握施工期间既有车站轨道结构纵向变形情况
5	走行轨两轨高差变化	梁式倾斜仪	施工关键期:1次/20min;一般施工状态:1次/2h	掌握施工期间既有车站轨道结构两轨高差变形情况
6	走行轨轨距变形	变位计	施工关键期:1次/20min;一般施工状态:1次/2h	掌握施工期间既有车站轨道水平距离变形情况

注:可根据施工情况和沉降情况调整监测频率,随时将监测信息通报监测领导小组。

①既有车站结构和轨道变形监测

a. 结构沉降监测

采用静力水准仪进行结构沉降监测。根据理论分析及相关经验,新建车站中线两侧 30m 范围对应的既有车站结构为重点监测部位,设置 4 条测线,参照既有车站结构承力柱及结构侧墙设置测点。每条结构测线设置 2 条静力水准系统,采用 2 个转点。测点布置后,在上用明显标识提醒既有车站内管理人员注意保护。通信线路采用特殊连接与连通管路共同采用管路保护。使用期间,监测人员定期巡视测点是否完好,并保证仪器正常运行。

b. 结构缝变形监测

既有车站沿纵向设有结构缝,选择施工影响范围内结构缝进行监测。采用静力水准系统对结构缝进行沉降监测,并在选定的结构缝上的两侧沿缝水平方向布设 1 只测缝计进行沉降缝之间的胀缩测量,并对结构缝变形监测点进行相应保护。

②轨道结构变形监测

a. 走行轨结构纵向变形监测为监测重点,采用静力水准系统进行。每条走行轨设置 1 跳测线,以新建结构中线为中心分别向外 50m 范围,每隔 5m 设置 1 个测点。因运营地铁中有高差,同时为保证监测系统安全可靠,每条测线设 5 条静力水准系统,采用 4 个转点。

b. 走行轨结构左右水平高低变化采用梁式倾斜仪监测,既有车站内和新建车站重叠的中线两侧 30m 范围为重点监测部位,上、下行轨共布设 8 只。

c. 走行轨水平距离变形用测距仪监测,既有车站内和新建车站重叠的中线两侧 30m 范围为重点监测部位,上、下行轨共布设 8 只。

③监测反馈及报警制度

隧道施工过程中对既有车站进行 24h 不间断监测,全部监测数据(数据采集及数据分析)均由计算机管理,日常监测汇报及报警程序根据监测反馈流程进行,通过监测信息反馈实现施工动态管理,充分保证施工洞室、周围环境、既有地铁结构和运营安全。

④既有结构变形因素及控制

管棚的夯打和注浆对既有结构和轨道的隆沉有一定影响。在管棚夯进阶段,既有结构主要受到冲击顶推作用,引起既有结构和轨道产生隆起,但是数值较小,分别占到该阶段总值的 20%~40%。注浆阶段的注浆抬升作用,使得既有结构和轨道产生显著的隆起,分别占到该阶段总值的 60%~80%,因此应严格控制注浆压力和注浆量。

（2）夯管施工洞内监测

夯管施工过程中，洞内监测项目内容见表8-3。

管棚施工洞内监测项目 表8-3

量 测 项 目	量 测 仪 器 及 工 具	量 测 频 率
支护与既有结构底板间的地层沉降	测斜仪	1~2次/d
地层及支护间的形变压力	压力传感器	1~2次/d
管棚施工期间振动	AWA6256B型环境振动分析仪	管棚施工期间监测
管棚施工期间噪声	HS5920型噪声监测仪	

①既有结构沉降与地层沉降监测

使测斜管测点与既有结构沉降测点位于同一竖直监测断面，测点间距离2.5m，让监测数据具有一定可比性。

通常在管棚施工过程中，地层沉降发生显著的振荡变化，既有结构沉降呈现缓慢隆起抬升现象，地层沉降与既有结构沉降关系不明显，既有结构的沉降表现为结构整体的位移。

②管棚施工期间振动及噪声测试

振动采用AWA6256B型环境振动分析仪测试，噪声采用HS5920型噪声监测仪测试。振动标准值采用《城市区域环境振动标准》（GB 10070—1988）中铁路干线两侧标准，噪声标准值采用城市区域环境噪声标准中四类噪声标准（适用于城市中的道路交通干线道路两侧区域，穿越城区的铁路主、次干线两侧区域的背景噪声）。利用夜间分别对夯管施工引起振动和噪声及列车与夯管的振动叠加进行测试。

8.2.4 施工效果

ϕ299管棚因管径较小，在150mm小净间距、双层梅花形布置时能有效起到超前支护的作用，施工方法的选择更加灵活，进度能有效提高，造价可大幅降低。

采用管壁预设注浆孔并分段注浆形式进行管外注浆后，有效充填了管外壁空隙，固结了因施工扰动的管外松散土层，从而弥补管间不咬合的不足，使工艺技术完备成熟，能很好地推广应用。

夯管锤施工沉降控制较理想，引起的噪声与振动不超标，通过周密组织与优化方案后施工效率较高，对地层和建（构）筑物的影响小、施工风险小、成功率非常高。各种方法的优缺点对比见表8-4。

各种管棚施工方法的优缺点对比 表8-4

比 较 项 目	顶管掘进机法	夯 管 法	定 向 钻 法	静 压 法
工作原理及特点	泥水平衡掘进头掘进，液压千斤顶顶进，水泥泵出土	机械式间断加力前进，干式取土	钻杆、钻头掘进，反拉进管	静压独头压入，干式取土
对地层的扰动	较小，跟踪注浆加固	一般	较大，注浆加固较难实施	较小，注浆加固较难实施

续上表

比较项目	顶管掘进机法	夯管法	定向钻法	静压法
定向系统及特点	激光导向不受干扰,精度较高	测量精度较低	无线导向受电磁场干扰较大	测量精度较低
主要机械	顶管掘进机	夯管锤	定向钻	液压机
变形控制	较好	好,基本无沉降	一般	较好
对环境影响	泥水影响环境	较小	较小	较小
施工误差	较小	较小	较大	较大
工程造价	较高	偏高	较高	较低
国内外工程应用	较少,风险较大	较多,风险小	较少,风险大	较少

8.2.5 工程实例

下面以北京地铁 4 号线宣武门站工程为例,介绍 ϕ299 超前双层管棚近距离下穿地铁运营车站夯进关键技术的应用情况。

1)工程概况

北京地铁 4 号线宣武门站主体单层段下穿既有环线宣武门站,单层段拱顶距既有车站底板净距 1.9m(大管棚主要在此 1.9m 范围内打设),单层段为两个矩形断面,单个矩形断面的开挖尺寸为 9.85m×9.0m(宽×高),两个矩形断面之间的净距 4.1m,车站中心线正上方有一条既有车站的变形缝。单层断面与环线位置剖面关系如图 8-18 所示。

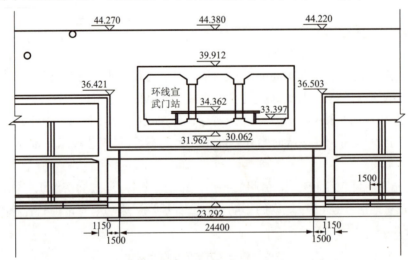

图 8-18 地铁 4 号线宣武门站与地铁 2 号线宣武门站剖面关系示意图(尺寸单位:mm,标高单位:m)

单层断面上半断面设计有效长度为 27.4m 的 ϕ299 大管棚,在平顶拱部上方梅花形双层布置,水平间距 450mm,垂直间距 331mm;侧墙两侧设置单排管棚,间距 450mm,共计 138 根(3781.2m),其中拱部 98 根(2685.2m),侧墙 40 根(1096m)。管棚布置如图 8-19 所示。

环境条件对管棚施工提出了较高的技术标准,需不影响既有地铁线路的正常运营,同时要保证主体工程施工和既有地铁结构完好无损,在沉降控制上的要求见表8-5。

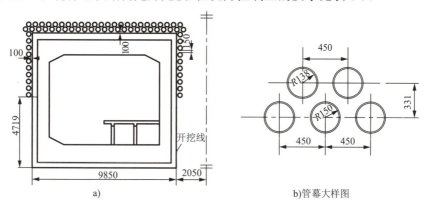

a)

b)管幕大样图

图8-19 大管棚布置图(单侧洞)(尺寸单位:mm)

管棚施工既有车站沉降控制值　　　　　表8-5

施工阶段	变形值类别	预警值(70%)	报警值(80%)	最终控制值(100%)
管棚施工	最大沉降值	1.05mm	1.20mm	1.50mm

2)工法应用简述

由于工程性质特殊,将夯管锤直接进行管棚施工有较多的技术和工艺问题首先要解决,在开展科技创新研究中,吸取了地铁5号线崇文门站的经验,设置双层管棚的弥补了单层管因精度控制不好而带来的不利影响,以便有效发挥管棚超前护顶和简支梁的支撑作用,通过双层管棚调整间距预留注浆条件,解决了原设计的咬合管幕无法预留补偿注浆管问题,采取管壁预设注浆孔并分段进行管外注浆,有效充填管外空隙及固结因施工扰动的管外松散土体,使管棚注浆能使既有结构实现部分抬升而有效抵消部分沉降。形成初步的工艺和方案后开展了现场试夯,解决了下列问题。

(1)如何顺利夯通

是否带切削环是各种意见争论的焦点。因穿越地层密实性大,不加切削环难以夯通,经过多方讨论,后采取加切削环跳打,同时采取袖阀式注浆。

(2)遇障碍物的处理

在既有车站南北两端3m范围内有大量遗留I56c钢板桩,夯管无法正常进行。进行全面超前探孔,清除障碍物采取的方法是先用洛阳铲人工掏孔,在φ1000PVC波纹管保护下,作业人员进入掌子面将工字钢割除。

(3)夯管锤移动较慢、焊接时间过长

前期夯管锤采用人工移锤,速度较慢,移锤时间在1h以上。焊接占用时间较长,主要是焊接后待温度冷却30min左右再行夯进。并增加工作面、制作横向移动天车和纵向轨道滑车、加长管节减少焊接次数、焊接夯管平台并将平台分组拼装、由原管壁外侧涂刷膨润土水泥浆改为涂抹黄油等一系列措施,大大加快了夯进速度,既减小了夯管锤移动难度,又加强了支撑的稳定性,克服了膨润土失水后润滑效果不佳的弊端。

3)取得的实际效果

(1)整体采用德国 KOLOSS380 型夯管锤夯进,分别在单层段南、北两端按两个工作面组织施工,于 2007 年 5 月 29 日开始试夯,2007 年 6 月 7 日展开施工,至 2007 年 7 月 26 日施工全部结束。夯管施工中既有地铁线路正常运营,对既有车站和周围环境影响甚微,保证了后期车站主体施工如期顺利进行,优质的管棚支护保证了开挖洞室和既有车站的安全。

(2)通过创新开发的夯管锤管棚施工工艺,减小了对地层的直接挤压,管壁前方范围土体有一半通过管头切削作用,对既有车站变形影响的控制效果良好,所有变形值未超出下穿既有车站施工目标控制值,只有轨道间距监测值超出了本阶段控制值。

(3)管棚施工引起既有车站的噪声、振动影响不超标。经过现场噪声、振动力、振动水平加速度等指标测试,均能控制在国家规定的标准范围内,引起的噪声低于地铁列车产生的噪声,且与列车运行不会形成振动叠加,水平振动加速度最大值为 0.05g(高速铁路预警值为 0.12g,目前设计抗震设防 8 度对应值为 0.2g),夯管引起的振动未对结构和行车造成危害。

4)存在的问题

(1)因夯管法大部分应用于非开挖的管线敷设,目前尚无适合地铁施工特点的夯管方面的规范、规程及定额。

(2)下穿既有车站(区间)沉降标准不统一,施工空间及环境不同,本工法的应用要因地制宜,避轻就重。

(3)施工宜连续进行,仅在列车停运期间施工不利于功效及各方面指标的控制。

第 9 章

监控量测技术

Key Construction Technology of Underground
Excavation for Subway Crossing Existing Lines

Key Construction Technology of Underground
Excavation for Subway Crossing Existing Lines

9.1 监测方案的制订

9.1.1 监测的意义与目的

监测方案要根据既有线路的特点、新建隧道情况、类似工程经验等综合考虑制订,并选择可靠性高、抗振动干扰能力强、精度高的监测仪器和设备。同时,还要建立和实行有效的分析、反馈、报警制度。

在穿越既有地铁结构施工中,在正常运营期间,无法利用常规的光学手段进行测量,而应该采用动态、静态测量相结合的新方法,对运营过程中的既有线路结构和轨道变形进行综合监测。为掌握施工期间既有线路的工作状态,保证既有线路的正常安全运营,需要采用高精度远程自动化监测系统对既有线路结构和轨道变形进行 24h 监控量测。

9.1.2 监控系统与监测方案的基本要求

监控系统应具备如下特性:长期可靠性高(因需要连续监测两年多的时间),抗干扰性强(列车振动、活塞风、杂散电流等),尺寸不能太大(在洞内安装后不能侵入设备限界),测试仪器能疏密布点。

监测方案应使得对监测数据的采集、分析做到及时、准确,并按时提供监测数据报表,满足施工单位对于施工安全质量和进度的要求,满足地铁的合理限速,保证列车安全运营。

9.1.3 监测内容的确定

对既有结构的监测包括以下内容:
(1)隧道结构的沉降:在隧道结构两侧墙上分别布设静力水准测点,如图 9-1 所示。
(2)道床结构的沉降:在整体道床中间排水沟位置布设静力水准测点,如图 9-2 所示。
(3)轨道水平间距:量测两轨道水平间距。
(4)轨道横向断面的倾斜:量测两轨道的相对高差,即轨道横向的不平顺。
(5)变形缝张开情况的量测:用测缝计量测结构变形缝的张开情况。
(6)既有地铁二次衬砌结构(边墙、顶板)混凝土裂缝的监测。
(7)道床与结构脱离的观测。
(8)隧道净空的监控量测。
(9)道床表面裂缝、道床底面与洞体结构间裂缝监测。

（10）管幕应力与沉降：管幕应力采用光纤传感器，管幕沉降用水平倾斜仪进行量测。

（11）既有线路振动的监测。

图 9-1　隧道结构及结构缝处的静力水准仪

图 9-2　道床上的静力水准仪

9.1.4　监测方法

施工对既有地铁线的影响监测是整个监测工作的重中之重。为不影响既有地铁的正常运营，现场监测应采用远程监测（图 9-3）与常规测量相结合的方法。在既有地铁受施工影响的轨道上同时埋设应变片和水准测点（不影响列车正常通过）。当隧道开挖至轨道附近时，利用远程监测系统连续对轨道监测，每天深夜（列车停运时）采用水准测量对轨道进行监测，两者结合来监测轨道的变形情况。加强施工过程中对既有地铁结构的监控量测，根据量测信息进行跟踪注浆，控制既有车站结构的下沉量。

图 9-3　远程静力水准自动化监测系统

9.2　既有结构安全监测与抢险

9.2.1　仪器选择和布点原则

监测布点应考虑新建车站施工引起的沉降槽情况，同时考虑既有线路隧道结构、轨道结构的特点。隧道结构刚度较大,但变形缝处易发生差异沉降,应为监测和关注的重点。道床刚度较小,且道床与隧道结构无连接,易脱开,为柔性结构,应加密测点。既有隧道结构在横断面产生倾斜的量一般较小,走行轨设置了轨距拉杆防护,故两走行轨的横向差异沉降监测和水平距离变化监测布点可以相对稀疏。以北京地铁 5 号线崇文门站为例,其既有线路具体监测项目及布点见表 9-1。

崇文门站主要监测项目、监测仪器与监测频率 表 9-1

序号	监测项目	监测仪器	监测频率	测点布置
1	隧道结构沉降监测	静力水准系统	施工关键期: 1 次/20min; 一般施工状态: 1 次/2h	在两侧墙每隔 9m 处设一沉降测点
2	变形缝差异沉降监测	静力水准系统		左右线各选择三条变形缝,每一变形缝在结构底设一测点
3	变形缝胀缩监测	测缝计		左右线各选择三条变形缝,每一变形缝在两侧墙各设一测点
4	轨道结构纵向变形监测	静力水准系统		车站对应范围每 2.5~3m 布置一个测点,其他范围 4.5m 一点
5	两走行轨横向差异沉降监测	梁式倾斜仪		从一端以间距 15m、15m、10m、5m、5m、5m、5m、10m、15m 和 15m 布点,车站对应范围布点密,两侧疏

1)既有结构沉降监测

为了及时掌握新线开挖引起的既有结构的沉降、变形情况,对既有线路结构布设静力水准监测点,实施 24h 自动化远程监测。

结构沉降监测采用采用静力水准仪,在施工影响范围内两侧墙处分别布置沉降基点和沉降监测点,如果运营地铁受影响线路长,高差大,则需多布静力水准系统,采用转点换算。在既有线路结构缝处两侧各需布设一个测点。上、下行线分别布设测点。测点布设的密度应使得结构沉降监测结果反映结构沉降的变形规律。

在结构沉降测点上采用明显标识,提醒既有线路内管理人员注意保护,通信线路采用特殊连接与连通管路共同采用管路保护。监测人员定期巡视,保证仪器正常运行。

2)结构缝变形监测

对结构缝进行差异沉降观测采用静力水准系统,结构缝之间的胀缩采用测缝计进行测量,在受影响的结构缝上两侧沿缝水平方向各布设 1 只测缝计(图 9-4),选择施工影响范围内的结构缝进行监测,上、下行线分别布置。结构缝变形监测点保护同结构沉降监测点。

图 9-4 测缝计

3)走行轨结构纵向变形监测

本项监测为监测重点,因静力水准法的精度在上百米的沉陷量传递中精度明显高于水平梁式倾斜仪,故轨道变形监测可采用在地铁排水沟中的布设静力水准系统(需将静力水准系统小型化)的方法进行监测。如果运营地铁受影响线路长,高差大,则需多布静力水准系统,采用转点换算。在既有线路结构缝处两侧各需布设一个测点。上、下行线分别布设测点。

轨面精密水准测量可采用精密水准仪和水准尺,用夹丝法配合测微器读数进行往返观测,读数精度可达到 0.0001m,计算精度为 0.00005m,相邻点高程中误差 ±0.2mm。应该严格按测量规范规定进行观测及平差计算,最后计算出每个监测点点位的高程,然后计算出沉降值。观测采用等精度观测,在气象条件近似的情况下进行,而且建议每次观测均为同一观测员、记录员及司尺员。

轨面远程监测:为了在列车运营期间也能取得数据,可在每条轨道的轨枕两侧安装数码位移传感器(测量范围 50mm,准确度等级 0.1,分辨度 1μm),采样频率 20Hz,量测钢轨的近似垂向变形。位移传感器的基点设置在每个轨枕端的侧下方,基点采用钢筋打入道床基础 50cm,在钢筋的上部焊接三角铁并使之保持水平,并用一个斜撑将三角铁固定牢固。测点用连接件连接到轨枕上,测点安装时要保证城铁列车运营的安全,传感器的探头尽量保证铅直。将各轨道的数码位移传感器并联通过 RS232/RS485 接口和计算机连接起来,组成钢轨垂向位移测试系统。假设路基和轨道同时变形,并且变形的数量方向相同,则该系统测得的数值为零。反之,如果道床基础和轨道的沉降出现不一致时,此时测出的值是轨道和路基基础的相对变化。对轨道的下沉全天候定时观测,并将测得的结果与列车停止运营后精密水准测量的数据进行综合叠加、对比、分析,弥补轨道运营期间无法取得水准观测数据的缺点。

4)走行轨结构横向水平高差变化监测

走行轨结构横向水平偏差变化可采用梁式倾斜仪(图 9-5)监测,布置方案为在施工影响范围内,测点间距根据实际情况取 5~15m。崇文门站下穿工程中,既有线路布置方案为:100m 范围内,从里程 NK216+22 至里程 NK217+22,测点间距依次为 15m、15m、10m、5m、5m、5m、5m、10m、15m 和 15m。上、下行轨共布设 22 只。

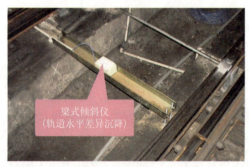

图 9-5 梁式倾斜仪

在地铁振动环境中,振弦式测斜仪不适应该环境,只能使用电解液式测斜仪。电解液式测斜仪的原理是通过测量测斜仪中位于两球形面间电解液的导电电阻测出倾角变化,属交流采样,美国、加拿大和德国均有生产。

仪器的安装与调试:走行轨结构左右水平高低变化监测如图 9-6 所示,在相邻两铁轨用膨胀螺丝固定测斜梁,调节初始位置,将电解液式梁式倾斜仪安装在传递梁上。

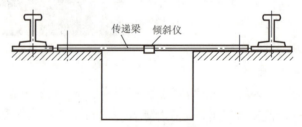

图 9-6 地铁轨道水平差监测

基本步骤为:①检验仪器是否完好、测量是否准确;②按仪器安装要求安装底梁,并使安装底座基本保持水平;③按照仪器说明书进行安装和接线调试;④安装完毕后按设置的通道接入数据采集单元中。按此步骤即可实现自动测量。

5)走行轨水平距离的偏差监测

采用测距仪(即变位计)(图9-7)监测走行轨水平间距的相对变形,布置方案为在施工影响范围内上、下行线单独布设测点,测点间距根据实际情况取5～15m。崇文门站下穿工程中,测点间距依次为15m、10m、5m、5m、5m、5m、10m、15m和15m,上、下行轨共布设20只。部分监测点统计见表9-2～表9-4。

图9-7 变位计

结构变形缝张开监测点统计 表9-2

左 线			右 线		
测点编号	测点里程	测点间距(m)	测点编号	测点里程	测点间距(m)
ZZCF1	K216+48.196		YZCF1	K216+49.776	
ZYCF1		18	YYCF1		18
ZZCF2	K216+66.196		YZCF2	K216+67.776	
ZYCF2		18	YYCF2		18
ZZCF3	K216+84.995		YZCF3	K216+85.776	
ZYCF3			YYCF3		

轨道结构沉降监测点统计 表9-3

左 线			右 线		
测点编号	测点里程	测点间距(m)	测点编号	测点里程	测点间距(m)
ZGJS0	K217+20.796	9.9	YGJS0	K217+22.376	9.9
ZGJS1-1	K217+10.896	0.2(转点)	YGJS1-1	K217+12.476	0.2(转点)
ZGJS1-2	K217+10.696	9.8	YGJS1-2	K217+12.276	9.8
ZGJS2-1	K217+0.896	0.2(转点)	YGJS2-1	K217+2.476	0.2(转点)
ZGJS2-2	K217+0.696	4.8	YGJS2-2	K217+2.276	4.9
ZGJS3-1	K216+95.896	0.2(转点)	YGJS3	K216+97.376	4.9
ZGJS3-2	K216+95.696	4.8	YGJS4-1	K216+92.476	0.2(转点)
ZGJS4-1	K216+90.896	0.2(转点)	YGJS4-2	K216+92.276	3.2
ZGJS4-2	K216+90.696	3.2	YGJS5	K216+89.076	3.1
ZGJS5	K216+87.496	3.2	YGJS6	K216+85.976	0.2(变形缝)
ZGJS6	K216+84.296	0.2(变形缝)	YGJS7-1	K216+85.776	0.2(转点)
ZGJS7	K216+84.096	2.8	YGJS7-2	K216+85.576	2.8
ZGJS8-1	K216+81.296	0.2(转点)	YGJS8	K216+82.776	2.5
ZGJS8-2	K216+81.096	2.4	YGJS9	K216+80.276	2.4
ZGJS9	K216+78.696	2.4	YGJS10-1	K216+77.876	0.2(转点)
ZGJS10-1	K216+76.296	0.2(转点)	YGJS10-2	K216+77.676	2.4
ZGJS10-2	K216+76.096	2.4	YGJS11	K216+75.276	2.5

续上表

左　线			右　线		
测点编号	测点里程	测点间距（m）	测点编号	测点里程	测点间距（m）
ZGJS11	K216+73.696		YGJS12	K216+72.776	
ZGJS12	K216+71.196	2.5	YGJS13	K216+70.276	2.5
ZGJS13	K216+68.696	2.5	YGJS14	K216+67.976	2.3
ZGJS14	K216+66.396	2.3	YGJS15-1	K216+67.776	0.2（变形缝）
ZGJS15-1	K216+66.196	0.2（变形缝）	YGJS15-2	K216+67.576	0.2（转点）
ZGJS15-2	K216+65.996	0.2（转点）	YGJS16	K216+65.276	2.3
ZGJS16	K216+63.696	2.3	YGJS17	K216+62.776	2.5
ZGJS17	K216+61.196	2.5	YGJS18	K216+60.276	2.5
ZGJS18	K216+58.696	2.5	YGJS19-1	K216+56.876	3.4
ZGJS19	K216+55.196	3.5	YGJS19-2	K216+56.676	0.2（转点）
ZGJS20-1	K216+51.796	3.4	YGJS20	K216+53.276	3.4
ZGJS20-2	K216+51.596	0.2（转点）	YGJS21	K216+49.876	3.4
ZGJS21	K216+48.296	3.3	YGJS22	K216+49.676	0.2（变形缝）
ZGJS22	K216+48.096	0.2（变形缝）	YGJS23-1	K216+44.876	4.8
ZGJS23	K216+43.196	4.9	YGJS23-2	K216+44.676	0.2
ZGJS24	K216+38.196	5.0	YGJS24	K216+39.776	4.9
ZGJS25	K216+28.196	10.0	YGJS25	K216+29.776	10.0

轨距监测点统计　　　　　　　　　　　　　　　　表 9-4

左　线			右　线		
测点编号	测点里程	测点间距（m）	测点编号	测点里程	测点间距（m）
ZWYJ1	K217+06.196		YWYJ1	K217+07.776	
ZWYJ2	K216+91.196	15	YWYJ2	K216+92.776	15
ZWYJ3	K216+81.196	10	YWYJ3	K216+82.776	10
ZWYJ4	K216+76.196	5	YWYJ4	K216+77.776	5
ZWYJ5	K216+71.196	5	YWYJ5	K216+72.776	5
ZWYJ6	K216+66.196	5	YWYJ6	K216+67.776	5
ZWYJ7	K216+61.196	5	YWYJ7	K216+62.776	5
ZWYJ8	K216+51.196	10	YWYJ8	K216+57.776	10
ZWYJ9	K216+36.196	15	YWYJ9	K216+42.776	15
ZWYJ10	K216+21.196	15	YWYJ10	K216+27.776	15

　　对于走行轨水平距离的偏差及结构缝的胀缩监测来说，适应此位移测量的传感器种类很多，有线电位计式、角电位计式、振弦式、差动变压器及电容感应式等。

　　走行轨水平距离的偏差监测如图9-8所示，在两轨之间安装测距仪即可。

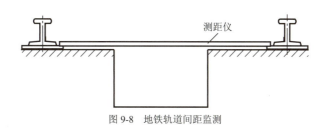

图 9-8　地铁轨道间距监测

结构缝的胀缩监测，在缝的两侧用膨胀螺丝固定测缝计的安装夹具，将测缝计固定在夹具上，如图 9-9 所示。

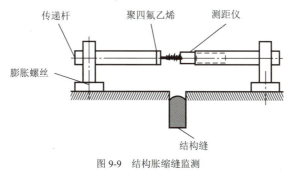

图 9-9　结构胀缩缝监测

安装完毕后按设置的通道接入数据采集单元中即可实现自动测量。

6）结构裂缝、道床裂缝、道床与结构脱离和隧道净空监测

由于这类监测在施工前对既有线路评估时已经监测过，施工过程中对原有裂缝进行宽度及开展情况监测，跟踪监测新裂缝的出现及发展情况。道床与结构脱离要检测脱离范围的开展，净空的量测体现净空的变化。

9.2.2　监测数据处理与施工控制

施工控制阶段是整个控制过程的核心，是在将监测信息与预测期望信息对比、分析的基础上进行的积极、能动的行为。本阶段工作包括两个部分：

1）处理监测数据，掌握既有线路工作状态

这一步工作主要是将施工现场量测的原始数据进行加工、处理，对于各项指标得到阶段性数值，结合非控制指标的监测，了解既有线路工作状态。具体工作为将每日测得的数据进行整理，计算日变形量、周变形量、变形速率；绘制累计沉降量、变形速率曲线；同时将每天同一轨道的两条钢轨的累计下沉量、下沉速率制成图表，综合分析，判断变形趋势。

2）分析、对比控制指标的监测值与设计值，实施变形控制

将各项监控指标的量测值与各分步变形控制标准相对照，同时，绘制既有线路监控管理曲线图，即在前述分步变形控制标准曲线图中绘出目前实际发生的既有线路变形值，以明确施工对既有线路的扰动和变形控制程度，根据两者偏离的情况，采取相应控制措施。对比结果可分为三种情况：

(1)分步变形监测值小于分步变形控制标准值,表明既有线路变形仍在控制之中,可继续施工。

(2)分步变形监测值大于分步变形控制标准值,但阶段性累计变形监测值小于阶段性累计变形控制标准值,表明尽管本步施工超出了预计的控制标准,但由于此前各施工步序对变形控制得好,使得目前的整体变形仍在掌握之中,此种条件下可继续施工,但要明确本步过大变形产生的原因。

(3)阶段性累计变形监测值大于阶段性累计变形控制标准值,此时,应查明原因并视其超出值大小,研究是否可以在后续的施工中得以挽回。如有保证,则可以继续施工。如果没有保证,则必须采取相应措施,把变形曲线调整到正常轨道上来。

3)对非控制指标进行分析

对于可以量化的非控制指标,如轨道增高、减窄、隧道净空变化等难以进行施工变形分配的指标可以与正常运营需要作比较,判断既有线路的正常运营情况。对于结构裂缝开展、道床与结构的脱离和道床的裂缝这种描述性的指标,可以结合其他监测结果综合确定既有线路的状态。

9.2.3 抢险措施

1)既有线路结构变形速率超限

在穿越既有线路工程施工时,首先建立严密的既有线路内部和洞内结构受力、变形、沉降的监控量测体系,对施工过程进行全面的监控量测,随时反馈信息,指导施工生产。在发生既有线路结构沉降速率超限时,立即启动抢险预案,采取下列措施:

(1)立即停止开挖施工,封闭所有施工掌子面,加强结构监控量测工作。

(2)专家讨论分析造成既有线路结构沉降速率超限的原因和相应的控制措施。

(3)根据确定的控制措施重新制订或调整施工工艺和施工组织,进行施工交底,严格落实各项措施,进行开挖施工。

(4)既有线路结构沉降速率超限未得到有效控制,再次重复上述过程直到完全解决既有线路结构沉降速率超限问题。

2)既有线路结构出现裂缝

在穿越既有线路施工前,首先对既有线路结构强度和现状进行全面评估,根据检测结果确定施工控制标准,在施工过程中,要加强对既有线路结构的检查,对结构裂缝进行跟踪观察,密切注意裂缝的发展情况,对于一些对结构的使用和强度有影响的裂缝要及时进行处理。处理措施如下:

(1)首先组织权威部门评估裂缝对于结构的耐久性和强度的影响程度。

(2)根据评估结果采取相应的处理措施,对于一般的结构裂缝采用注环氧树脂填充的措施进行处理;对于对结构耐久性和强度影响较大的裂缝除采用环氧树脂填充外,根据需要采取措施对结构进行补强处理。

3)道床与结构发生分离

在穿越既有线路施工前,首先对既有线路道床和结构现状进行全面评估,在施工过程中,要加强对既有线路结构和道床相对变形的监测和分析研究,及时发现道床和结构的分离趋势和分离状况,发现两者分离后启动抢险预案,立即进行处理。处理措施如下:

(1)在该地段对列车进行限速运行。
(2)组织专家讨论分析造成结构与道床分离的原因和相应的处理措施。
(3)根据确定的处理措施及时对道床和结构之间的空隙进行填充处理。
(4)采取一定的预防措施防止类似问题再次发生。

9.3 施工监测

9.3.1 仪器选择和布点原则

1)管棚沉降与应力监测

管棚应力监测采用光纤传感技术,如图 9-10 所示。管棚的沉降监测用测斜管进行。

图 9-10 光纤量测技术在管棚上的应用

2)注浆加固效果的监测

侧洞施工前,新建隧道中洞已形成封闭结构,管幕已施工完毕,具备了高压注浆的条件,可采取在新建结构与既有结构间注浆来抬升既有结构,同时加固土体,封堵结构间夹土向两侧移动的通道,为侧洞施工沉降控制创造条件。从注浆施工部位上可采取从既有线路结构内向下方进行土体注浆和从新建车站上导洞向上注浆。考虑到前者钻孔注浆会破坏既有结构和防水,予以排除,可选取后者即从上导洞的天梁两侧进行注浆,如图 9-11 所示。

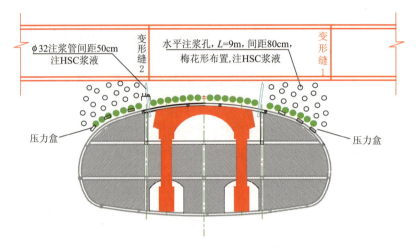

图 9-11 使用压力盒监测注浆加固效果

针对注浆量不好控制,注浆加固效果不明确的现象,建议可采取以下方法。注浆前,在注浆区新建结构的钢拱架上安装压力盒,随时观测压力盒的读数。如果压力盒读数证明压力盒承受了一定的压力,即表明注浆有加固的效果。如果压力盒不受力,说明注浆只填充了颗粒孔隙,并没起到加固的作用。

9.3.2 掌子面突发性塌方的抢险措施

在穿越既有线路工程施工时,制订并严格落实各项防塌措施,同时施工掌子面储备好各种抢险物资。在发生施工掌子面突发性塌方时立即启动抢险预案,采取下列措施:

(1)立即使用抢险物资对塌方处进行封闭回填和加固处理,同时把有关信息上报相关单位和部门,各单位联合采取必要的抢险措施,加强对既有线路结构和轨道的检查和量测工作。

(2)组织专家讨论分析造成掌子面突发性塌方的原因和相应的控制措施。

(3)根据确定的控制措施重新制订或调整施工工艺和施工组织,进行施工交底,严格落实各项措施,进行开挖施工。

9.4 监测信息反馈

根据工程特点,隧道施工过程中对既有线路进行24h不间断监测,全部监测数据(数据采集及数据分析)均由计算机管理,如监测值出现较大增长或速率加速时,可及时通知施工、设计、监理及地铁运营公司,采取对应措施,确保地铁安全运营。监测反馈流程如图 9-12 所示。

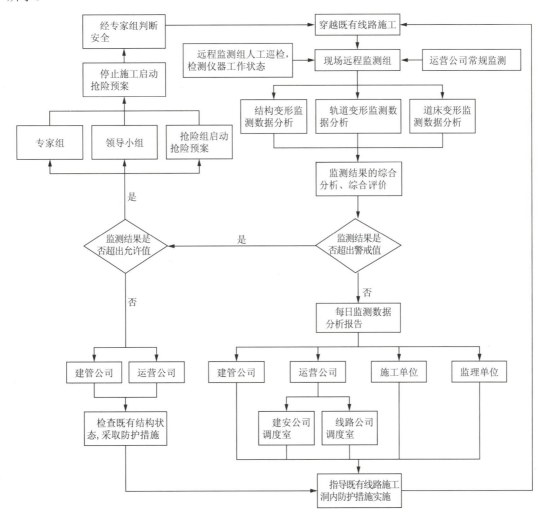

图 9-12 监测反馈流程

参 考 文 献

[1] 北京市轨道交通建设管理有限公司,北京交通大学,中铁隧道局集团有限公司.浅埋暗挖法近距离穿越既有地铁结构(区间与车站)关键技术研究[R].2006.

[2] 樊孝军,穿越运营地铁动荷载条件下洞桩法施工技术[J/OL].路桥工程,2014,19(4).

[3] 黄远丰,李文.城市轨道交通安全管理法规文件汇编[M].北京:人民交通出版社,2011.

[4] 北京交通大学.地铁工程施工安全管理与技术[M].北京:中国建筑工业出版社,2012.

[5] 罗富荣,金淮,刘永勤,等.轨道交通工程建设安全风险控制实施指南[M].北京:中国建筑工业出版社,2011.

[6] 中华人民共和国住房和城乡建设部.地铁设计规范 GB 50157—2013 [S].北京:中国建筑工业出版社,2014.

[7] 中华人民共和国国家铁路局.铁路隧道设计规范 TB 10003—2016 [S].北京:中国铁道出版社,2017.

[8] 中华人民共和国住房和城乡建设部.民用建筑可靠性鉴定标准 GB 50292—2015 [S].北京:中国建筑工业出版社,2016.

[9] 中华人民共和国住房和城乡建设部.工业建筑可靠性鉴定标准 GB 50144—2008 [S].北京:中国计划出版社,2008.

[10] 中华人民共和国住房和城乡建设部.混凝土结构设计规范 GB 50010—2010 [S].北京:中国建筑工业出版社,2011.

[11] 中华人民共和国住房和城乡建设部.回弹法检测混凝土抗压强度技术规程 JGJ/T 23—2011 [S].北京:中国建筑工业出版社,2011.

[12] 中华人民共和国住房和城乡建设部.钻芯法检测混凝土强度技术规程 JGJ/T 384—2016 [S].北京:中国建筑工业出版社,2016.

[13] 中华人民共和国建设部.建筑结构检测技术标准 GB/T 50344—2004 [S].北京:中国建筑工业出版社,2004.

[14] 中国工程建筑标准化协会.混凝土结构耐久性评定标准 CECS 220—2007 [S].北京:中国计划出版社,2007.

[15] 中华人民共和国住房和城乡建设部.地下铁道工程施工质量验收标准 GB/T 50299—2018 [S].北京:中国建筑工业出版社,2018.

[16] 天津市住房和城乡建设委员会.后装拔出法检测混凝土强度技术规程 DB/T 29-237—2016 [S]. 2016.
[17] 日本混凝土工程协会.混凝土工程裂缝调查及补强加固技术规程 [S].牛青山,等,译.北京:地震出版社,1992.
[18] （英）普勒—斯特雷克,著.混凝土腐蚀破坏的评估与修补 [M].惠云玲,韩雪明,译.北京:冶金工业出版社,1991.
[19] 王媛俐,姚燕.重点工程混凝土耐久性的研究与工程应用技术 [M].北京:中国建材工业出版社,2004.
[20] 王梦恕.地下工程浅埋暗挖技术通论 [M].合肥:安徽教育出版社,2004.